求职
是门艺术

帅远智 / 著

广东旅游出版社
GUANGDONG TRAVEL & TOURISM PRESS
悦读书·悦旅行·悦享人生

图书在版编目（CIP）数据

求职是门艺术／帅远智著 .—广州：广东旅游出版社，2014.6
ISBN 978-7-80766-848-0

Ⅰ.①求… Ⅱ.①帅… Ⅲ.①职业选择—通俗读物 Ⅳ.① C913.2-49

中国版本图书馆 CIP 数据核字 (2014) 第 074333 号

责任编辑：官　顺　方银萍
封面设计：一个人
策划编辑：任落落

广东旅游出版社出版发行

（广东省广州市天河区五山路 483 号华南农业大学公共管理学院 14 号楼 3 层

邮编 510642）

邮购电话：020-87348243

广东旅游出版社图书网

www.tourpress.cn

北京市玖仁伟业印刷有限公司

（北京市丰台区看丹村临 428 号）

710 毫米×1000 毫米　16 开　17 印张　235 千字

2014 年 4 月第 1 版第 1 次印刷

定价：34.00 元

目 录

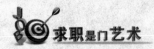

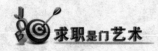

引 言

就业有多难

据最新统计，2014届应届毕业生将达734万，较2013年的699万增加了近40万。

在山东大学，一位女生拿着一份求职单位的名单，每投一份简历就划去一个，虽然找了两个多月工作，但依然一无所获。"已经记不清投了多少份简历，现在还没找到工作。"

每年，不断有数字庞大的应届毕业生群体投入浩浩荡荡的求职大军，求职者不断增加，而用人单位可提供的职位却越来越少。

研究生小魏介绍，2012年"双十一"之前，学院的2013届男硕士毕业生基本找到工作了，但2013年的形势不太乐观，他们学院80名男硕士，签约的才30人，"招人少了，我从师兄、师姐那了解到，去年一些单位的招聘人数要比今年多。"

种种原因，小何果断辞掉了原来的工作。可是找了半个月，却依然一片茫然！"看企业招聘要求的时候，明明觉得和自己的要求非常符合，不知道为什么面试的机会就是少，而好不容易面试上了的，不知道为什么最后就是没选你！"

"不在面试，就在去面试的路上。"

就业有多难？！当下，就业形势日趋严峻。因为找不到工作，屡屡碰壁的求职者心急如焚，如无头的苍蝇四处奔波，寻找工作机遇。

杨某从外地来到惠州，一直找不到工作，最后溜进了一个小区，趁一住户老人张某、周某回家开门进屋的一瞬间，冲进屋抱起婴儿车内的小孩，威胁老人勒索钱财。后杨某被警方刑事拘留。

因为就业难，求职者的生活受到严重影响。一部分求职者甚至连基本的生活都无法满足，心理受挫，一蹶不振；严重的如杨某铤而走险，走上犯罪的道路。

有人质疑：杨某没有高校学历，所以找不到工作。如果他有一张大学本科、或是博士学历，他就根本不用担心就业问题了。

低学历找不到工作，高学历就一定能成功就业吗？

28岁的余某，从小聪明好学，大学毕业的时候更拿到了一本"烫金"的国内名牌大学学历。他自己、学校的老师、同学和朋友们都认为他一定能找一个理想的工作。没想到他揣着名牌大学学历，找工作却屡屡碰壁。这让他从开始的焦急，越来越心灰意懒，最后都不愿意走出门找工作了。2011年4月，余某认为自己空有一副好头脑却无处施展，没有遇上他的"伯乐"，最后决定不再找工作而自己单干。于是他化名周先生，伪造了某国家单位工作人员身份，以谈恋爱、结婚为由骗取女青年夏某信任，先后共骗取了夏某35000元现金，挥霍一空。后被警方逮捕。

"毕业即失业"。在中国，高校毕业生就业难，不仅因为近年来高校毕业生队伍日益庞大，供大于求；更因为如今用人单位越来越注重求职者的工作经历和经验。许多求职者凭借高学历文凭与过硬的专业知识，自信满满找到用人单位，却因为没有相应的工作经历和经验而被用人单位拒之门外。

有人又认为：用人单位都希望"招来就用"，当然会录取那些有工作经历和经验的求职者。

没有工作经历和经验就会被用人单位拒绝；而反之就一定能找到心仪、满意的工作吗？

祝先生是国内一所名牌大学毕业生，毕业后供职于一家大型企业，五年后积累了丰富工作经验的他，决定辞职谋求一份薪资更高的工作。各方面条件都很优秀、自信满满的他走进了一家外企的大门……谁想面试过后，他却迟迟没有接到这家外企的通知录取电话。心情焦急的他主动给面试他的 HR 打了电话，对方却告诉他，已经录取到了最合适的员工。意味着各方面条件都很优秀的祝先生也被淘汰了！

名牌大学毕业、工作经验丰富，各方面条件优秀如祝先生，为什么也会被用人单位淘汰？一位多年从事人力资源工作资深 HR 认为：当代用人单位越来越注重求职者的综合素质。许多求职者凭借着一定的工作经历和丰富的工作经验敲开了用人单位的"大门"，却因为综合素质考核不过关，依然会在最后关头被 PASS 掉。

也许祝先生的职业规划，与用人单位文化理念、应聘岗位需求相冲突；也许他提出的薪水，远远高于或低于用人单位的薪水标准，认为他不能脚踏实地或是不自信；也许他过于"推销自我"，却没有弄明白用人单位到底想"买"什么；也许，用人单位根本就没有用人需求，粗心大意的祝先生没有及时发现，求职失败后庸人自扰，白白浪费自己宝贵的时间……

　　求职是一门艺术，它要求实力与技巧的结合。无论你是低学历、高学历，还是拥有一定工作经历和丰富的工作经验，都有可能面临求职难的问题！因为，不是求职难，而是你不懂求职的技巧、艺术！

　　本书将从求职准备、求职心理、求职简历、求职着装与礼仪、求职谈吐、求职攻心、求职细节、谋职以后八个环节为你讲述求职的艺术。

　　"知识改变命运"，把求职当作一门艺术，做到精益求精。

第一章

求职准备艺术——不打无准备之仗

千钧一发、瞬息万变的战场，当敌人的炮火气势汹汹迎面而来，才慌乱无章、临时反击？"成者为王败者寇"，毫无准备，猝手不及的一方，只能甘拜下风、痛失天下。

"不打无准备之仗。"——毛泽东。

居安思危，未雨绸缪。提前做好完全准备，才能临危不乱，纵观全局，"谈笑间樯橹灰飞烟灭。"

求职是一场激烈的竞争。职场如战场，用人单位步步紧逼，巧布"陷阱"；求职者须胸有成竹，方能镇定自若，洞若观火，灵活自如，从应聘者中脱颖而出，成为最后的"大赢家"。

有的求职者问："我知道求职前要做准备。我也在求职前做了准备，可为什么最后的结果依然差强人意，失败告终？"

答案——不是你不懂求职要做准备，而是你不懂求职准备的艺术。本章将为您讲述求职准备的艺术——不打无准备之仗。

第一节 职业理想 ≠ 理想职业

　　第二次世界大战爆发前，一位老师在课堂上问同学们的理想是什么？同学们有的说想当政府要员，有的想当医生……也有一些同学并不确定自己的理想是什么。

　　很多年后的一天，已经成为老人的老师在收拾屋子时，发现了二战前自己所教的学生们写的理想，现在看着非常有趣，心想何不把作文重新发给他们，让他们看一看自己儿时的理想呢？

　　于是老人很快把这个消息登在报纸上，几天后作文被领走了。当然，大多数人的理想都没有实现。只有一篇作文没有被领取，几天后老人接到一个电话，是一位白宫的领导者，他说那篇作文的作者就是自己。老人问他为什么不领走作文？这位领导者说没有必要，因为他已经完成了他的理想。这么多年他一直记得自己的理想，所以他实现了自己的理想。

　　什么是职业理想？职业理想就是人在一定世界观、人生观和价值观的指导下，对自己未来所从事的职业和发展目标作出的想象和设想，也就是自己对未来工作种类和工作成就的向往和追求。有理想的人，乘风破浪前进；没有理想的人只能随波逐流。

　　人将一生中最珍贵的年华都献给了职业，人生中最辉煌的成就体现在职业之中。所以，儿时的我们拥有的理想，是对未来人生美好的憧憬；成人后在漫长的职业道路上，我们应该制定一个适合自己的、切实可行的职业奋斗目标，树立一个正确的职业理想，才能让自己对未来人生美好的憧憬得到实现。

每一个人都有自己的职业理想，但是在生活中，越来越多的人发现，现实与自己的职业理想落差太大。因为生活的压力，有人随便选择了一个岗位，但是因为与自己的理想职业不相符，整日怨天尤人；也有的人一心追求理想中的职业，于是干脆不就业，期待着理想职业像馅饼一样从天上掉下来。

职业理想≠理想职业。我们要想在未来的职业生涯中获得成功，首先应该树立正确的世界观、人生观，根据自己的能力、个性、特长、爱好和需求，确定一个合理的、正确的职业理想，然后对自己的职业理想进行分析，制定出合理的职业理想时间表，并且付诸行动，勇于进取，努力追求，经过不断努力和调整，直到最后实现我们的职业理想，获得人生的最大成功。

蚯蚓是我从小玩到大的朋友，后来蚯蚓上了大学，什么事都挺顺当。在过去分开的十年里，我们几乎每隔两三年见一次面。每一次我都喜欢问他同一个问题："你的目标是什么？"

而我得到的答案总是不相同。下面记录的是蚯蚓每次谈及目标的原话：

18岁，高中毕业典礼上："我发誓要当李嘉诚第二！我要当中国首富！"

20岁，春节老同学团聚会上："我想创立自己的公司，30岁前拥有资产两千万！"

23岁，在某市工厂当技术员，第二职业是炒股："我正在为离开这家工厂而奋斗，因为在这里工作太没前途了。我将全力炒股，3年内用5万炒到300万！"

25 岁，炒股失意而情场得意，准备结婚："我希望一年后能有 10 万元，让我风风光光地结婚。"

26 岁，不太风光的结婚典礼上："我想生一个胖小子，不久的将来当个车间主任就行，别的不想了。"

28 岁，所在的工厂效益下跌，偏偏正是妻子怀胎十月的时候："我希望这次下岗名单里千万不要有我的名字。"

小猴子掰了桃子丢玉米，捡了西瓜丢桃子，然后又丢了西瓜去追活蹦乱跳的小兔子，最后小兔子跑进树林里不见了，而小猴子也一无所获。

蚯蚓显然没有对自己的人生树立合理的、正确的职业理想。18 岁那年，蚯蚓给自己树立了远大的理想，那是蚯蚓对未来人生的美好憧憬。但是大学毕业后进入工厂当技术员，他并没有潜心研究技术，而是去炒股。后来炒股失败，又想当车间主任，最后可能技术也不是很精通，在工厂效益下跌的时候，只好无奈地祈祷下岗名单中不要出现自己的名字。

蚯蚓一生都在追逐自己的理想职业。但很明显，他的理想职业并不是自己正确的职业理想，而且像"猴子掰玉米"故事里的小猴子一样，没有付诸于行动，也没有持之以恒的毅力，最后蚯蚓失败了。

"我们都有一些自己并不晓得的能力，能做到连自己做梦都想不到的会做的事。只有在面对需要时，我们才会奋起应对环境，并且做到迄今为止似乎不可能的事。"——卡耐基。

职业理想是前进的方向，人生发展的目标是通过职业理想来确立，并最终通过职业理想来实现。但是制定了正确的职业理想，还要在心中树立坚定的理想信念。无论是在顺境或逆境，都要奋发进取，勇往直前。否则，再完美的职业理想都是人生职业道路上一个遥不可及的梦想。

第二节 有"职业规划"的毛毛虫

四只爱吃苹果的毛毛虫各自去森林里找苹果吃。

第一只毛毛虫根本就不知道苹果树长什么样子，没有目的，不知终点，没想过什么是生命的意义，为什么而活着。

第二只毛毛虫找到了一棵苹果树，看到一个大苹果就爬上去大吃一顿。但它发现如果当初它选择另外一个分枝，它就能得到一个更大的苹果。

第三只毛毛虫知道自己想要的就是大苹果。它为之制定了一个非常完美的计划。可是毛毛虫漫不经心，悠哉悠哉，爬行速度相当缓慢，当它抵达时，苹果不是被别的虫捷足先登，就是苹果已经熟透而烂掉了。

第四只毛毛虫做事有自己的规划，它的目标并不是一个大苹果，而是一朵含苞待放的苹果花。它也做了一个望远镜，计算着自己的行程，结果它如愿以偿，得到了一个又大又甜的苹果。

什么是职业规划？职业规划就是根据人的职业理想，定制相应的教育、工作和培训行动计划，对每一步的时间、项目和措施作出合理的安排。

在"四只毛毛虫"的故事里，第一只毛毛虫是"糊涂虫"，是社会上大部分人的真实写照，没有职业理想，没有职业规划，甚至不知道自己想

要什么, 一生碌碌无为;

第二只毛毛虫知道自己想要的是什么, 可是却不知道该怎样去实现。没有制定职业规划, 只是习惯地沿着保守、陈旧的方式。往往在途中错过了真正能实现职业理想的路径;

第三只毛毛虫所代表的一部分人, 有非常明确的职业理想, 也有非常清晰的职业规划。但是理想远大, 行动却缓慢, 再完美的职业理想和职业规划都只是"纸上谈兵", 最后错过了成功的机会;

第四只毛毛虫是极少数的成功人士, 他们为自己制定了合理的职业理想和职业规划。也详细分析了自己获得成功需要什么条件, 并且付诸行动, 付出努力, 最后一步步实现了自己的职业理想。

杜平在大学同学的眼里, 为人聪明, 素质也好, 还会说一口漂亮的英文, 从毕业至今都在外企中混。只是, 他在每一家外企工作的时间都不长, 跳槽极为频繁。

一年前, 他通过猎头又跳去了一家美国公司, 薪水相较以前翻番。原本杜平以前跳来跳去, 但总是保证在重工业行业领域内, 但是这一次, 仅仅由于新公司的高薪诱惑, 便义无反顾的跳了过来, 却根本没有考虑这家公司所在的行业是轻工业。

他入职新公司后, 才感受到行业间巨大的差别和上手的难度。但是, 毕竟, 这里有一份极高的薪水, 他不得不咬牙坚持, 每天工作的心情沉重, 在这一年中, 他几乎天天在为自己当初轻率的决定感到后悔, 却也无可奈何。最终, 杜平决定, 跳槽! 这次, 不是为了薪水, 不是为了职位, 只是为了自己的行业基础。杜平说, 直到这时, 他才真正的开始谋划自己的未来, 开始自己的职业规划!

杜平经过仔细分析自己的现状, 给自己确定了几个目标: 1, 重回重工业行业; 2, 仍然是外企; 3, 稳定。于是, 在经过近两个月的寻找后, 他确定了新的公司。

品质人生护理师杜士扬老师说："人人有责任研究人生，做人生的设计师，要觉醒自己一生的事情，建立整体的蓝图和行动步骤，这样才能真正实现人生，活出意义和价值。"

一棵果树要结出又红又大的果子，要经历一段栽植、除草、施肥、开花、结果等有序的阶段性过程。要想完成自己的职业理想，就要将职业理想精细分解，分成若干个小的目标逐步完成。有了精细、合理的职业规划，循序渐进，即使在我们原来看来遥不可及的职业理想，也会得到实现。

俗话说"计划赶不上变化"。世界是在不断发展变化的，即使我们为自己制定了非常漂亮的职业规划，也不是固执地沿着规划路径付出努力就能取得成功。一般来说，一个目标最长的时限期为两年，在漫长的职业生涯中，我们应该不断对自己的职业规划进行分析和完善，以保证我们的职业规划应对世界的发展和变化，是合理、可行、有效的。

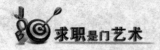

第三节 对"自我"的认识价值百万

一个小男孩听了《丑小鸭》的故事后，对妈妈说："妈妈，那只丑小鸭本来就是天鹅，长大后就能飞，这没什么呀！"

妈妈说："是的。如果它是一只鸭子，那么它注定就是飞不了。你想做天鹅还是做鸭子呢？"

小男孩说："我想做天鹅。"

妈妈问："如果你天生就是一只鸭子怎么办？"

见孩子不高兴了，妈妈说："鸭子就鸭子呗，不会飞不是也可以和其他鸭子一起快乐地生活吗？而且他可以努力做鸭子群里游泳游得最快的鸭子呀！最糟糕的，就是明明自己是只鸭子，却偏偏以为自己是一只天鹅，做一只天鹅做的事，不但永远也飞不起来，而且和其他的鸭子也处得不开心。"

横看成岭侧成峰，远近高低各不同。不识庐山真面目，只缘身在此山中——苏东坡《题西林壁》。

明明站在山中，却不识它的真面目；明明自己就拥有"自我"，却偏偏不能认识自我，社会心理学家将人们这种难以正确认识"自我"的心理现象称之为"苏东坡效应"。

一位美国心理学家做了一个实验。他找来25个人，他们相互之间都是老熟人，因此比较了解各自的优缺点。心理学家请他们每个人分别根据9个标准，即文雅、幽默、聪明、爱交际、讲卫生、美丽、自大、势利、粗鲁，对所有包括自己在内的人排名次。比如，根据文雅标准，谁最文雅排第一，其次为第二……每一个人都要对自己和其他24个人进行评价。

实验结束后，经过统计分析，这25个人身上都有不同程度夸大优点和掩饰缺点的倾向。有一个人自以为文雅程度应该名列前茅，可是把其他24个人在这方面给他评定的名次平均一下，他的"文雅"程度仅列第二十几名。实验证明——我们更容易拔高自己。

"飞人"乔丹说："我是个普通人，我从前有过错，今后也会出错，这就是我。"人要正确认识评价自己，全面客观地看待自己。

英国心理学家苏波认为，自我概念即形成相对稳定而明晰的自我认识，是职业指导中的关键一环。一个人正确认识自己，就会根据自己的目标和自我认识状态，明确做出对自己的评价，对职业的了解状况及社会提供的有关职业信息做匹配，最终做出正确的择业决策。

张晓甜是一个形象气质较好，性格非常活泼、外向的女生，同学们都亲昵地叫她"小燕子"。大学毕业，所学专业为汉语言文学的她成功应聘到一家杂志社从事编辑工作，这让她兴奋了好一段时间。可是半年后，日复一日的文字编辑工作让她感觉到十分枯燥和厌倦，没有工作激情。这时的她意识到自己的性格并不适合朝九晚五的办公室工作，恰好有一家房地产公司要招聘置业顾问，薪资待遇非常诱人，于是她忙不迭跳槽了，到这家房地产公司担任置业顾问一职。

可是一年以后，小张发现种种原因，自己的销售业绩并没有得到提升，而且越来越感觉到吃力，销售业绩更是一落千丈！自己到底适合做什么工作？小张迷茫了。这一次，她对自己进行了综合审视，做了专业的性格和职业能力倾向性测试，职业顾问给她的建议

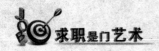
是从事与市场策划相关的工作。于是她开始向广告公司投递简历，很快一家合资的广告公司对她文笔佳、思维敏捷有创意、沟通交往能力较好的条件非常满意，录用她担任公司文案策划一职。这项工作特别适合她，她的策划能力很快得到了公司领导的认可。5年后，她通过猎头成功跳槽到一家跨国4A广告公司担任策划总监一职。

如果你发现自己的口才极好，能说一口流利的外语，你可以做一名优秀的演讲家、导游、翻译等；如果你的思维敏捷有创意，又喜爱设计，你可以从事设计类工作……了解自我，认识自我，要了解和认识自己的全部。一个人如果不了解自己的性格、爱好、特长、生活环境等，而片面根据其中一个条件选择就业，就会像案例里的张晓甜一样，从事不适合自己的工作，工作乏味、没有激情，做不出工作成绩，自然也难以取得事业成功。

"在这世界上，你是独一无二的，你生下来是什么，就是世界给你的礼物；你将成为什么，则是你给世界的礼物！"

人的一生是一个不断发展的漫长的过程，在过程中我们不断了解自己、发展自己、完善自己。了解自己是人生的起点，只有正确认识自己，才能做出符合自己实际的人生选择，树立正确的职业理想，设计合理的职业规划，找到适合自己特点的人生发展道路，做自己人生的主人。

第四节 "临时抱佛脚"的重要

李洋大学毕业后留在上海一家网络公司供职，工作仅一年因为家庭原因辞职回了老家，半年后她回到上海，开始投递简历求职。很快她接到了一家在国内较有名气的网络公司通知面试的电话。

李洋非常重视这场面试，面试前一天，李洋打电话向同学们咨询了一些面试技巧。第二天李洋自信满满来到了这家网络公司，她给HR的第一印象非常好，HR问了她学习经历、工作经历等问题，她的回答大方得体，条理清晰。在面试过程中，HR不停地微笑着频频点头，甚至当着李洋的面拿笔在她的简历上打了一个勾。就在李洋暗暗欣喜，认为自己已经通过了面试时，HR突然很随意地又问了她一个技术问题。

对程序员来说，这是一个最简单不过的技术问题，可是李洋却突然卡住了，脑子里一阵空白，半年没有从事程序员工作的她，竟然一时间回答不上这个问题。坐在对面的HR一脸狐疑地看着她，李洋感觉到背上的冷汗渗了下来，沉默了几分钟后，HR转移到了其他的话题。最后，HR告诉她会在一周内通知她是否参加复试。

直到一周后，李洋也没有接到这家网络公司的复试电话。

用人单位招聘人才的根本目的是获得知识、获得资源。许多用人单位

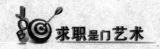

招聘的岗位，尤其是技术性工作岗位，对求职者的专业知识或工作经验非常看重。

理光（深圳）工业有限公司曾在求职者中做过一项专业测试，参加测试的有近400人，其中还有不少研究生，但是最后及格的却只有7个人。而那几道试题，不过都是专业最基本的知识点，许多求职者都非常后悔，没有临时复习以前学过的知识。甚至有求职者说，哪怕事先再温习一下这些基本的专业知识，就一定能过关了。可是，残酷的事实是，没有及格的求职者都失去了进一步面试的机会。

"如果我们做了应该做的一切，那么所有的机遇都会垂青于我们"——亨利·基辛格（美）。

求职者在求职前"临时抱佛脚"，在面试或笔试前复习所学过专业的基本知识点；或是分析和总结以前的工作经验、技术要点。"胸有成竹"参加招聘单位的面试和笔试，就会达到事半功倍的效果。

王磊也是一位计算机程序员，最近他已成功应聘成为一家网络公司的高级程序员。王磊对自己的求职经历进行了分析和总结，写成一篇帖子，发表在论坛上。

找工作的时候，我投了很多简历，也注册了很多求职网站，参加了很多次的笔试面试，但最后都石沉大海了。经过了太多次的打击，我分析我的失败原因，发现自己学的东西太少了。可是现在又不可能通过自学在短时间内把所有的专业知识都学透，怎么办呢？我求助我的师兄，师兄给我指了一条路子——学习Html和Java。

人在重压之下会产生很大的潜力，那段时间我学习的进度飞快，自己都难以想象。我两个月就熟练掌握了Html和Java。学好之后感觉自己吃了一颗定心丸。此时已经过了招聘的黄金期，但是现在的我已经非常有自信了。在网上投递简历后，有一家网络公司通知我去面试，也就是我现在上班的公司。面试前一晚，我再次将这两个月学习的 Html 和 Java 技术基础知识和要点温习了一遍。

到了公司后，面试官问了我一些基本问题，然后问我会不会 Java。那一瞬间我太惊喜了，我马上说：我会！面试官问了我几个关于 Java 的技术问题，我都很流利地回答了他。我还告诉他我熟练掌握 Html 语言，能胜任网站的维护工作，此外我曾经在一家网络公司做过推广的工作。当时那面试官乐了，当场录用了我，让我明天来上班。太神奇了……就这样进了新公司，事后才知道原来公司一个网站维护人员突然辞职了，公司面试了很多人，但是他们都不会 Java，有的只懂皮毛，只能泛泛地回答一点……有的人可能会觉得我是靠运气，但是我想说机会只留给有准备的人。

面试或笔试时间一般只有短短的几十分钟，在极短的时间内不可能测试出应聘者是否具备该岗位全部的专业技术能力。面试官往往会对求职者提出一些专业方面综合性的问题，如果求职者能很好的回答这些问题，会容易得到面试官的欣赏。对一些题目，面试官不一定非要求职者作出完全正确的回答，他们往往更看中求职者的思维方式和解决问题的方法。如果求职者对专业领域的最新动态和技术有一定的了解，就能够用一种比较清晰的思路来回答此类问题，从而在面试或笔试的时候脱颖而出。

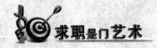

第五节 为什么你"找"不到工作?

裴佳今年研二，还有半年毕业，为了男朋友来到杭州。因为下半年只是论文答辩，所以裴佳想提前来到杭州找到一份满意的工作，答辩的时候再回学校去。

可是裴佳来到杭州已经近一个月了，投出去了几十份简历，但都石沉大海，没有一个回音。裴佳心里很着急，她觉得自己的要求也不高，因为知道自己没有什么特别突出的地方，学校也只是普普通通，所以只能撒大网捞鱼。可是自己这么久了还找不到一个工作机会，渐渐连简历都不知道该往哪里投了。

男朋友上班后，裴佳每天一个人呆在家里，重复打开报纸看招聘栏——投递简历——坐等消息——石沉大海的经历。她觉得自己都快急死了，可是在别人的面前却还要做出比较无所谓的样子。

找到一份工作的第一步是要"找"到工作，只有充分获取用人单位的就业信息，才能成功打开求职的大门。现代社会信息传递方式有很多，求职者可以通过多种渠道收集用人单位的就业信息。

人才市场、宣讲会、招聘会

人才市场和宣讲会、招聘会是最现实最热烈的招聘方式，现场招聘比较直观，通过交流可以了解到求职者更多的信息，比较受到刚刚毕业，工作经验缺乏的大学生的青睐。但是人才市场、宣讲会、招聘会招聘人员往往是用人单位的秘书或者助理，也容易因为对应聘人员的把握不准，造成真正优秀的求职者没有得到复试或录取的机会。

网络查询

随着互联网的发展，通过网络查询已经成为现代社会就业获取信息的重要途径。但是网络招聘虚假信息较多，同时通过网络投递简历操作简单快捷，造成越来越多的求职者疯狂涌向网络，对用人单位邮箱进行"简历轰炸"，招聘负责人工作量陡然增大，会导致负责人降低查看简历工作效率，甚至遗漏掉一部分优秀的简历。

猎头公司

猎头公司是为各个用人单位提供招聘等相关人力资源服务的中介机构。猎头公司近年来广泛被国外的企业所沿用，也被部分大型国内企业所接受。猎头公司比较适合高端人才。

新闻媒介

最常见的新闻媒介招聘的方式是电视台、电台或报刊、杂志招聘，各大报刊杂志周六、周日都会推出整版的招聘广告。新闻媒介招聘信息具有一定的真实、安全度。但是用人单位通过新闻媒介招聘，会吸引平均素质较高的人才前来，会给普通的求职者心理造成一定的压力。

社会关系

各种社会关系包括教师、校友同学、亲戚朋友等。本专业的教师往往与各用人单位往往有着广泛的接触；通过已经就业的校友、同学介绍工作，可以获得更多具体、准确的信息；亲戚朋友与社会的方方面面有一些关系，也可以帮助提供就业信息。

毛遂自荐

向自己认为适合的用人单位写自荐信，了解到用人单位确有招聘需求后，通过电话预约，然后亲自登门拜访，这种"毛遂自荐"的方式也不失为获取就业信息、获得就业成功的途径之一。但是首先要自我判断该用人

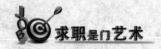

单位是否适合采用"毛遂自荐"的方式应聘，否则会打扰用人单位的正常工作秩序，引起对方的反感。

大学毕业后，娜娜如愿以偿成为了某名牌大学的一名日语教师。回过头来看看自己的就业路，虽然过程是辛酸的，但结果却是美好的。

3月，毕业班的寝室楼里渐渐空了，大家都在外奔波。娜娜的工作还没有着落，满怀希望的面试又刚刚失败。屋漏偏逢天下雨，寝室的好姐妹过了今晚明天就要搬走了，晚上躺在被窝里，想着想着，哭了，哭了好久，前途在哪?

几天后，娜娜不得已只好去一家旅行社做了一名日语导游。但是她没有想到，她在旅行社的3个月，娜娜得到了巨大的财富，不单单是金钱上，有了近万元的收入，还有一个广阔的人际圈，各行各业，各个阶层，各种面孔，工作的经验，朋友的财富，用金钱是买不到的！尤其是从一位客户那里，娜娜了解到某名牌大学，也就是娜娜现在的工作单位要开一门新课程《旅游日语》，而娜娜做过日语导游，一定可以胜任这个工作。

一周后，娜娜第一次到学校试讲，在讲台上她从容而精彩的试讲，博得现场考官的阵阵掌声。最后她终于被成功录取了。

娜娜说，如果不是在旅行社建立了一个广阔的人际圈，那位客户为她提供了这条宝贵的就业信息，现在的她依然是一只井底之蛙。在她获得就业信息的狭窄的路途上，也许她永远也不会轻松找到现在这样的工作的机会。

所谓就业信息，并不仅局限于用人单位的招聘信息。用人单位的招聘信息固然是重要的就业信息，但是国家有关就业的方针、政策、法规及地方制定的

有关就业政策等等也都是重要的就业信息。了解不同职业在国民经济和社会发展中所处的地位、作用和发展势头，就能帮助自己作出全面、准确的判断，从而选择是否从事该职业。

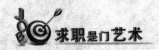

第六节 熟练的英语口语为求职加码

李丽曾在英文中学念过书，但自认英语水平一般，加上自从大学毕业后做过的两份工作都没有运用到英语，于是英语口语水平不断下滑。她说现在自己还记得的单词有限，更不用说能流利地进行英语对话了。

于是，李丽找工作时尽量避免一些需要运用英语的工作。她说，"有时看到一些空缺，觉得自己有机会，但又怕现场被面试官测试英语，想想还是放弃了申请。"

李丽曾经应征过一个客户服务员的空缺，招聘机构明确告诉她，只要她懂英语，月薪比同职者要高 1000 元。但是李丽说，"我有自知之明，没本事赚这些钱。"

面对日益频繁的国际商务交流，使用英语沟通已成为职场生存的必备技能。提高英语口语能力能为求职者求职、加薪增加砝码。

刚刚从一家外贸企业离职的陈娟说，"以前上学的时候英语不当回事，学的很烂，谁知道工作后发现英语的地位越来越重要，刚开始和老外交流完全只能靠手势和几句简单的英语，有好的工作介绍都是对英语要求比较高。偶然的机会跳到了一家高薪的外贸企业，发现英语更重要了。"

刚刚成功应聘一家高薪外贸企业的夏薇则表示，"其实英语的实际用途就是口语！地道的英语口语表达！有的人说得也很顺溜，可整篇的中式英语，老外听得云里雾里……在表达地道的基础上，再修饰下语音语调，你就很完美了。"

国内，大部分学生在学校里接受的英语学习都是以应试为主，学生对词汇和语法方面的知识都很精通，但是能运用英语顺畅进行交流的人却比较少。甚至有的求职者能写得一篇漂亮的英文文章，却因为英语口语表达能力差强人意，在面试中被遗憾淘汰。说到底，英语口语是一种技能，学习实用的口语知识，可以为面试"锦上添花"。

经过紧张的笔试之后，那家闻名于世的日资公司终于寄来了面试通知书，要求叶眉参加一周后的面试，而且特别注明"加试英语口语"。这一加试可真是突然袭击，英语对话，叶眉觉得自己简直就是哑巴一个。

一个星期后就要开口用英语对话，这对她来说简直是天方夜谭。是放弃，还是进行最后一搏？叶眉思忖着，仔细分析自己所面临的处境：第一，她应聘的职位是办公室文员，说英语的机会应该不多，没理由考难度大的专业类英语口语，考日常用语的可能性极大；第二，笔试时，叶眉留意观察了竞争的对手们，除了英语，自己的条件绝对不差；第三，参加面试，她也没什么损失，就把它当做一次学习机会吧。

于是，叶眉下决心放手一搏。她给自己制定了"一周疯狂的英语口语学习计划"，叶眉依照自己的计划按部就班地准备。

第一步，她用中文写下问题及相应答案。叶眉假设自己是考官，想问考生哪些问题，诸如：

"请介绍一下你的个人经历！"

"说说你的家庭状况！"

"你的业余爱好是什么？"

"你为什么要到我们公司应聘?"

"你对日本了解多少?"

......

凡能想到的问题,她都写在本子上,然后写下自己的回答。

第二步,用英文翻译上面的问与答。这一步骤要求越规范越好,翻译没把握时,她就立刻翻看词典等工具书。

第三步,背诵及模拟考试。自问自答地进行实战演习,以便更好地适应面试。最后,她学习了几句简单的日本问候语,全面地翻看了一下日本国情介绍,做到知己知彼。

面试那天下午,叶眉略施粉黛,身着职业装进入了考场,面对中日共6位考官,叶眉首先用中日两种语言说"下午好"。其后,面试的英文口语涉及到个人经历、兴趣爱好、日本国情等诸多问题,叶眉都从容应对过关了。

面试结束时,叶眉在鞠躬之后真诚地用中日两种语言说"请多关照"。没过几天,叶眉便欣喜地收到了这家公司寄来的正式录用通知书。

全球经济一体化步伐加快,越来越多的外企进入中国,中国与其他国家的贸易往来也日益频繁,无论是本国企业,还是涌入中国的跨国公司都急需一大批能熟练运用英语口语能力的人才。在应聘时自身条件并不占据优势的求职者,如果具有熟练的英语口语运用表达能力,就会提高成功应聘国际化企业的几率。

A great man once said: " It is necessary to drill as much as possible, and the more you apply what you learned in real situations, the more natural it will become." （一位伟人曾说，反复操练是非常必要的，你越多的将所学到的东西运用到实际生活中，它就变得越自然。）

　　学习英语口语应该是一件乐趣无穷的事。只有掌握真正地道的英美口音，才能体会到英语语言中的韵味。平时多锻炼用快速标准的英语说话，熟能生巧，达到无需动脑、只需动嘴的境界。加强朗读，增强语感。品味语句，体会语感。

第七节 求职"硬件"一个也不能少

2008年3月北京市宣武区公务员报名现场，一个男生从天津专程跑到北京去报名，其他证书都带了，唯独缺了一个6级证书只带了复印件，他想当然地以为复印件也可以，但是没有想到报名现场只接受原件。于是这个男生丧失了这次宣武区公务员的报名机会。而且报名时间只有一个下午，也来不及回天津去取了。

许多求职者在接到用人单位的面试电话后，才着手准备求职相关材料、物资，但是往往因为临时缺少某些材料、物资，又来不及准备而丧失了机会。准备求职材料和物资虽然简单，但是也值得求职者专门做一个表格罗列，并随身携带，以备不时之需。

中英文简历

大多数求职者都准备了中文简历，忽略了英文简历。但是所有的外企，甚至一些国企、事业单位都需要英文简历。有可能用人单位并不会认真阅读英文简历，但是会扫一眼你的英文简历来判断你的英文水平。如果是外企，就更加重视英文简历，用人单位会仔细地从头读到尾。

相关证件

相关证件包括求职者的身份证、毕业证及所有的获奖荣誉证书、等级证书等等。如果是报考公务员，部分地区还需要求职者提供户口本。所有的证件都要准备原件和复印件。同时，尽可能带上自己工作成果的证明或作品。

证件照和生活照

求职者要多准备一寸和两寸的证件照，尽量随身携带，一般在面试或笔试等场合随时会要求使用。一寸和二寸的电子版证件照、5 寸和 6 寸的个人生活照也是必备的。

黑色签字笔以及一个笔记本

面试时会被要求填写应聘申请表等等，黑色签字表会在此时派上用场。笔记本方便自己随时记录就业信息、求职经验、求职灵感等。

随时保持畅通的电话

收到求职者的简历且通过初审以后，用人单位人力资源负责人会电话通知面试，如果求职者的手机停机、关机或是信号不畅通，固定电话无人接听，对方无法联系上你，就会将你从面试名单上 PASS 掉。

选择安全、稳定的电子邮箱

除了电话通知，用人单位也通常采用发送 E-mail 的方式通知求职者参加面试。很多用人单位在发布招聘信息时，明确要求求职者在提交个人信息时一定要提交电子邮箱，以方便联系。

　　张颜在网上疯狂地发了无数封简历。几天后，她终于接到了第一个通知她参加面试的电话。

　　面试时，主考官和张颜谈了很多。最后，他告诉张颜，觉得她很踏实，很诚恳，所以很愿意给她一次机会。

　　那一晚张颜兴奋得不能入眠，能杀出几十人竞争者的重围，进入到最后的复试，对毫无工作经验的她来说已经很知足了。虽然还没有经过总经理的最后敲板，却好似胜利就在眼前，张颜满怀心喜的等待公司最后的通知。

　　第二天，主考官给张颜打电话通知她参加复试，并让她自信去

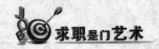

面对。

总经理问张颜一眼，"李经理说你不错，你有简历吗？"

"我……对不起，我没带。"张颜脸微微发红。因为张颜根本就没准备简历，这是第二次复试，再说主考官那里有她的简历。"好像，李经理那里有我一份简历。"

"他那里留着备案的，那你先简单写一下你的简历吧。"说完给了张颜一支笔一张纸。然后又开始做她的工作。

张颜接过笔，伏在桌上写着自己的简历。面对坐在对面严肃的女总经理，心情开始紧张，手心直微微冒汗。

"写好没有？"总经理突然抬起头问她。

"马上就好。"张颜应付着，慌忙递上简历。总经理粗粗地浏览了一遍，又看了她一眼："你是第一次面试吗？简历怎么写得这么乱？"

"要不我明天给您带一份来吧，我……"

"先放我这儿吧，一周内等通知，好吗？"总经理有些不耐烦地打断她的话，明显是下了"逐客令"。

"那……好吧，再见！"张颜黯然退出门外。在关上门的一瞬间，她听到了一个声音："简历都不带，这李经理怎么看人的呀……"

张颜快步逃出大楼，生怕再听到那些刺耳的话。

机会总是垂青有准备的人，许多优秀的求职者往往因为忘了带一支参加笔试的笔、一份简历而遗憾地被用人单位拒之于门外。求职材料、物资是否准备充分，在一定程度上反映了求职者是否具有细心的品质，和对所要应聘的工作岗位是否足够重视。

如果在求职材料、物资准备充分的基础上，求职者提前准备了对用人单位

的产品做市场调查产生的数据材料，和用人单位最新研发生产的产品等等，在
面试时恰当的时机展示出来，会收到意外的惊喜效果。

第八节 知己知彼，一次面试就成功

用人单位打电话通知小许去面试时，他正和好朋友在逛街。在N多的招聘会上，"多投简历"战术让他一时想不起来什么时候投了这个简历。

小许毕业于宁波大学，学的是国际贸易专业。回到学校，小许向一个本地的同学打听了一下。原来，这是一个私人的英语培训学校。当时，他很"自负"地想，就凭自己多次到大公司面试的经历和扎实的基本功，这种小场面应该不在话下。

第二天，小许如约来到招聘单位，和人力资源部主任聊了一会，才知道这是一份初中英语教员的职位。主任简单地问了他一些英语方面的问题，他都自信地对答如流。心里暗想：这么简单的东东还来考我，想想我六级的英语水平教高中生都不在话下。

主任对小许比较满意，他把小许带到一个坐满了学生的教室，让他围绕"春天"为主题给同学们上一堂课。接过粉笔，小许有模有样地上起课来。当他正自我陶醉在"传道授业解惑"的满足感中时，主任示意他可以结束讲课了。

回到刚才办公室里，主任和他闲聊了起来。主任问道，

"你对我们学校了解吗？"

"知道一点，你们是私人的外语培训学校！"

"你知道来我们这里培训的都是什么人吗？我们学校的特色和授课风格你了解吗？"

小许顿时哑然。主任接着说，"你恐怕对我们不大了解，我们的学生很多都是需要加强的，而他们本身对英语又没什么兴趣。刚才听了你的讲课，你的专业水平可能达到了我们的要求，但在教学上，你根本没有与学生互动，不能吸引他们学英语。我恐怕你不大适合……"小许听出了他话中的意思，羞愧地起身告辞了。

"知己知彼，百战不殆；不知彼而知己，一胜一负；不知彼，不知己，百战百殆。"——《孙子·谋攻篇》。

在接到面试电话后，求职者应该着手广泛收集有关用人单位及招聘岗位的一切资料。包括公司所属行业、产品、项目、发展沿革、组织结构、企业文化、薪酬水平、员工稳定性、发生的关键事件等，了解越全面、深入，面试的成功率就越高，对于面试官来说，了解本公司和招聘岗位的求职者，证明了他的用心和诚意，而不是泛泛求职，没有求职重点。

终归到底，用人单位想要招聘的员工，不一定是最优秀的，但一定是最适合的。如果求职者充分掌握用人单位的相关资料，并且在面试时适当地表现出来，面试官就会间接地接收到这样的信息——我对贵公司的现状、公司文化和制度、发展前景都非常了解，我相信我一定是最适合这个工作岗位的。我带着诚心而来应聘这个岗位，愿意加入贵公司成为贵公司的一员。

试想一下，一位态度如此诚恳的求职者，又怎么会不受到面试官的青睐呢？

一位大学生成功应聘微软的故事告诉我们，孙子兵法中的"知己知彼"原则在面试中是十分管用的。

微软那次在复旦、交大、浙大和南大总共才招30个实习生，还

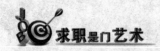

包括硕士生和博士生。阿为的技术水平倒还过得去，但和这些人竞争起来，肯定不占优势。

对一些感兴趣的企业宣讲会，阿为都会从自己储备的资料库里找出有关的背景资料，这次也不例外——什么微软全世界有多少员工啦、微软的"生日"啦、比尔·盖茨提出的第一个远景目标啦……阿为都能倒背如流。

那天，宣讲会开始没多久，微软的人力资源经理搞了个"智力提问"："哪位知道微软的'生日'？"阿为大喜，立即举手回答，奖品是件微软 T 恤衫。

宣讲会结束后立即笔试，之后是 5 轮面试，当天就会知道结果。阿为从宣讲会现场出来，没直接去考场，而是回到寝室，打开电脑上网——刚才开会时听微软技术中心的总经理提到一种最新的编程语言，叫 XML。对此阿为虽有所耳闻，但一直没弄明白，趁着还没轮到考试，先临时抱佛脚，搞搞清楚再说。

最后一轮，考官很严肃地问了阿为不少个人情况，阿为便把自己在计算机方面的"辉煌过去"一一道来：小学那会儿在少年宫学过编程、中学的时候在中关村搞过电脑……果然，考官提到了关于 XML 的问题，阿为很快给出了让他满意的答案，考官的脸上露出了笑容。眼见聊得分外投机，阿为的心渐渐宽了下来。

阿为拿到 offer 时，已经是深夜 12 点半。后来他才知道，微软那次招的 30 个人里，只有他是非技术专业的。

求职者在求职前不仅要认识自我、找准定位，树立正确的职业理想，制定合理的职业发展规划，更需要关注人才市场的走势，了解用人单位的需求，不断提升自己的就业能力，实现人才与市场的匹配，才能在面试中"知己知彼"，一次面试就成功。

　　"知己知彼"，其实，自己对"己"和"彼"的了解都可以展现给面试官！尽可能把自己工作经历中最摆得上台面的内容，比如得过奖的项目、参加过比较重要的项目、曾组织参与过的重大活动等等信息传递给面试官，只有充分知"己"，才能将自己的这些"闪光点"讲清楚了、讲透了，让面试官对你加深了印象，一次面试就成功。

第九节 一份 perfect 的求职计划

李冉携带着大量的个人简历满怀信心赶到人才市场，在人潮拥挤的招聘会上把所有的简历都投递出去了，他心想撒大网捞"鱼"准没错的。可是他看见面试官们用麻袋装着大捆大捆的简历离去，自己最后只得到了很少的几个面试机会。第二天他接到了一家公司HR打来的面试电话，李冉有些茫然，"请问您是哪家公司？我应聘的什么岗位？"李冉给这家公司的HR留下了不愉快的的第一印象，面试结果可想而知。

Cherry 和李冉一样茫然地奔波在寻找工作的漫漫长路上。微电子学专业毕业的 Cherry，毕业后在电子行业工作1年后，转而去一家贸易公司工作了3年，先后做过销售助理、采购、行政、出纳、进出口业务等工作。受金融危机的影响，她不幸失业。工作找了3个多月却没有半点头绪，简历投了上千份，全都石沉大海，因为自己销售和进出口的工作经验好不容易争取到的面试机会，用英语一对话机会就彻底没戏了。屡屡求职屡屡遭拒，Cherry 感到身心俱疲，3个月来的求职经历换来极度的失望和沮丧，她不明白自己有四年的经验找工作为什么也这么难。

从多渠道获取就业信息，到最后带多少交通费去目的地面试，其中的每一个步骤求职者都要事必躬亲，事无巨细。正因为需要准备的东西太多了，求职者渐渐变得盲目，盲目地考了一摞不知道能否派上用场的证书；盲目地胡乱投递简历；盲目地四处参加招聘会，甚至奔波异地参加面试，最后却发现该岗位并不适合自己……花费了大量的时间、精力和财力，手忙脚乱最后却劳而无功。

其实，找工作是一项复杂而系统的工程，需要进行科学统筹和管理。树立正确的职业理想，制定合理的职业规划是找工作的长线准备，而短线准备——制定详细的求职计划，则是求职流程各个环节中的技巧，让求职者忙碌但不偏离方向，合理安排时间，准备渠道分析、竞争策略、编辑简历、笔试面试、规划支出等等。

郭小丽，行政管理专业，已与某高校签约。曾经她保研失败，决定考公务员，再次失败后参加招聘会，终于寻找到一份心仪的高校教师工作，前后仅花了一个半月，求职共花费大约1500元，主要用于购买衣服、交通和简历制作。她说，总结起来，她觉得找工作应该要有计划性，积极主动，准备充足，对就业信息、流程了解充分。她采用先让企业选择自己，后自己选择企业的方式投递简历参加面试，增加自己命中的几率和积累经验。

以下是北京大学经济学院某同学为自己制定的详细求职计划：

七月份 参加求职前的最后一个实习，积累经验并开始计划毕业求职时间安排；

八月份 开始修改简历、求职信，了解往届录取和公司招聘情况；

九月份 密切关注学校就业指导中心、海报、BBS以及公司网站的信息，第一时间确认各公司宣讲会和收取简历时间；

十月份 出现在各种宣讲会和求职讲座，投递简历；

十一月份 继续参加宣讲会，外企招聘进入高峰，安排面试，不断修改和投递简历；

十二月份　一些面试进入尾声，部分公司出结果（拿到了IBM）。（选择普华，结束找工作。）

时间安排表：

8:00-9:00　起床并听"面试英语"；

9:00-11:00　上网看BBS，了解近日招聘动态和对昨天参加面试的公司的评论；

11:00-12:00　继续在电脑上，根据上次面试经验修改简历；

12:00-14:00　午餐，中午休息，并阅读财经杂志为面试积累行业背景知识；

14:00-16:00　参加××公司笔试；

16:00-18:00　参加学校就业指导讲座；

18:00-19:00　晚餐并回宿舍换正式服装；

19:00-22:00　参加××公司招待酒会；

22:00-23:00　上网检查邮件看是否有新面试通知或拒信，睡觉。

"计划的制定比计划本身更为重要"——戴尔·麦康基。

制定一份详细的、有条理的求职计划，融合了求职过程中的每一个步骤，就是把一地散落的珍珠串联在一起，清晰、明朗、细致，执行起来才能有条不紊。但是，在执行求职计划的过程中，要善于分析和总结自己求职失败的原因，并及时对求职计划因时制宜做适当的调整，增加学习或培训计划，做好充分准备，才能帮助我们在下一场求职行动中获取成功。

第二章

求职心理艺术——一场漂亮的求职心理战

求职难。求职是一条艰难的漫漫长路，由始至终保持良好的求职心态，非常重要。

因为有过几次成功；因为自己或别人眼中绝对优秀的自我，有的求职者认为自己所向披靡，战无不胜。所以他们好高骛远、眼高手低。关于这一类求职者，最终遭遇求职难，是因为他们难于上"青天"。

因为求职屡屡碰壁，受挫的求职者心灰意冷，意志消沉，一蹶不振。"求职是一场漫长的拉锯战，同样考验着求职者的耐心、毅力、承受能力……谁先在心理上败下阵来，打了退堂鼓，谁就必输无疑。"失去了勇气，连踏出门求职都不敢；失去了信心，无法将良好的精神面貌和自己最优秀的一面展现给用人单位，求职必败无疑。

掌握求职心理艺术，就能防患于未然，避免在求职艰难而漫长的道路上出现心态失衡；在出现了暂时的心态失衡时及时扑灭"苗头"；在出现了严重的心态失衡后，及时幡然醒悟，积极调整自己，冷静下来，振作精神重新踏上求职之路。

——当然前提是，你必须灵活自如掌握求职的心理艺术。

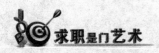

第一节 小心"找工作焦虑症"

　　最近，奔波整个上海忙于求职的莫小婉已经连续好几天都无法顺利入眠了，早晨也时常在恐惧中惊醒。心中仿佛有块沉重的大石头压着，常常对着天花板发呆，脑中一片空白。她一直想不明白，如果一直找不到工作该怎么办？

　　是回家乡，还是留在上海继续混日子？想到明明自己也是大学本科学历，可是却要像打工者一样谋生，小婉就一阵焦虑，不知怎么办才好？在一次面试结束后，面试官除了现场告知她她没有被录取，同时告诉她，她在面试过程中始终紧紧蹙着眉，言语之间也透露着焦虑的情绪，面试官认为焦虑和浮躁的她并不能胜任他们所招聘的岗位。这让小婉心里更痛苦了。不知不觉中，她患上了严重的"找工作焦虑症"。

　　她不想再找工作，也不想做其他的事情，听到别人议论找工作的事情她就会很烦躁，甚至自暴自弃。

　　终于，她选择了离家出走，心里充满了焦虑感。这可急坏了她的家人和朋友们，大家一起到大街上到处寻找，最后报了警。一直到3天后，小婉才自己回了家。大家都焦急地问她这几天到哪儿去了，她只淡淡说自己看书去了，再问便不再说话。

求职是一场"选拔赛"，没有被选中的求职者还要继续战斗。这场选拔赛与我们从小到大经历的"选拔赛"不同，今天面试遭到挫折，被拒绝，明天就要必须振作起来，精神抖擞迎接下一场面试。

焦虑症的产生，归根结底是职业理想和现实中的差距，让求职者感到痛苦、茫然、苦闷，由此产生焦虑感。

认为自己在面试中的表现不够出色的求职者，觉得被别人"比了下去"，丢了面子，于是就自责，自惭形秽，产生羞耻的情绪，不自觉陷入焦虑陷阱里；

认为自己的学历和工作经验都完全符合应聘单位的标准，志在必得，但是面试的结果却不尽人意，自暴自弃陷入了焦虑陷阱里。

被一两家用人单位拒绝而沮丧好几天的求职者；看到自认为不如自己的人找到了一份好工作而心态不平衡的求职者；因为焦虑而心情疲惫，每场面试都没有全力以赴的求职者……陷入了焦虑陷阱里的求职者，往往会落入心态差——状态差——结果差的恶性循环里。所以，求职要考验的不仅仅是求职者的专业基础知识和求职技巧，更考验求职者的勇气、意志、耐心和冷静。

下午，求职者黎云耀赶到了雨润集团宣讲会现场。招聘人员挂横幅时，他便上前主动帮忙，宣讲会结束后，他又主动帮着招聘方收简历。

招聘人员筛选简历时，他就在旁边帮着维持次序。但是在随后的笔试名单中，依然没有黎云耀的名字，因为他的学历是三本高校学历，所以在首场筛选中就被淘汰了。

这让黎云耀很不甘心，他积极争取到了与那些通过初选者同时参加笔试的机会，希望能证明自己。

但是黎云耀又一次被打击了。尽管他对自己的笔试成绩感到非常满意，但是笔试后的面试名单仍然没有他的名字。他非常焦虑，

因为这已经是这个月第八次求职被拒了。

晚上，他试着让自己慢慢冷静下来，经过一番沉着的思考后，他打听到了面试的时间和地点，第二天他成为面试现场唯一不在面试名单内的求职者。当他准备跟在一名面试者后向考官推销自己时，还没进门，就被拦到了门外。已有心理准备的他，静静地在门外等候，就这样，他从上午8点多一直等到下午1点多，面试才结束，当考官出门看到还在门口等待的黎云耀时，他们都愣了，"你怎么还在这里？"

黎云耀说，"希望能给我一次面试的机会。"考官一翻看黎云耀的简历直摇头，"对不起，我们暂时还不考虑招聘三本高校的学生。"黎云耀锲而不舍说道，"你们招聘不就是为了找能给公司创造利润的人吗？我并不比那些重点大学学历的人差，只是缺少被证明的机会。"

黎云耀的这番话，激起了考官的兴趣，于是，考官继续看完了黎云耀的简历。黎云耀的工作经历和执着最终打动了考官。面对黎云耀的"谢谢你们给了我这次机会"的感谢，雨润集团的招聘负责人坦诚地说，"不是我们给你的机会，是你良好的求职心态为自己创造了机会。"

求职者产生焦虑心理，客观原因是求职受挫、遭拒而焦虑，主观原因却是求职者给了自己太多的压力。好高骛远、不切实际，只会给自己增加无谓的心理压力，错过工作机会，最后在焦虑和蹉跎中让职业理想和自己擦肩而过。求职过程中，求职者要学习更多的放松方式技巧缓解内心压力，以从容面对人生的这一个挑战。

第二节　自卑是求职成功的绊脚石

卢敏中专学历，毕业于某职业技术学校。毕业后五年了，性格内向的她一直从事办公室文员工作，原本有几次晋升机会，都因为她的自卑和胆怯心理而拱手让人了。一次，卢敏的亲戚为她介绍了一个工作，在一家中外合资公司做行政助理。

卢敏心想自己从来没有做过行政助理，怎么可能应聘上呢？但是因为是亲戚帮忙介绍的，不好意思拒绝，卢敏只好硬着头皮去这家中外合资公司参加面试。

出乎卢敏意外的是，她通过了初试、复试，最后只剩下她和另一位男性求职者，一起面对公司总经理的最后一道面试。

经理是外国人，他在与卢敏和另一位求职者的闲聊中，极为随意地问了一句话，"会打羽毛球吗？"

男性求职者回答："会！"

卢敏小心翼翼回答："打得不好！"

经理又问："给你们一部小轿车，限一星期的时间内，有没有把握学会驾驶这辆小轿车？"

男性求职者回答："有！"

卢敏红着脸回答，"不敢保证！"

经理再问："厨房里有的是蔬菜，你们能不能给我做几样拿手

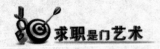

好菜？我这人不挑剔。"

男性求职者回答："没问题！"

卢敏却腼腆地说，"我做得不好！"

三天后，经理通过卢敏的亲戚，委婉地告诉她她没有通过最后一道面试。卢敏的亲戚告诉她，经理对她的评价是：The girl is too low self-esteem！（这个女孩太自卑了）

心理学家阿尔弗雷德·阿德勒认为，自卑感本身并不是什么异常的事情，它是人类处境得以改善的原因所在，因为每一个人只有认识到了自己的无知，意识到了自己需要为将来有所准备，才有可能更加努力和进步。每一个人都有某种程度的自卑，因为我们处于想改善自己处境的努力当中。

卢敏因为性格内向、中专学历而产生了自卑心理，但她却沉浸在自己的自卑里，没有意识到要改善自己的处境，也没有因此将自卑心理转化为动力。面试官来自于与中国传统文化截然相反的西方国家，他们崇尚于肯定自我，自然更难以理解和接受卢敏的自卑心理。

1951年，英国的弗兰克林从自己拍摄的 X 射线照片上发现 DNA 的双螺旋结构后，他计划就这一发现做一次演说，但由于自卑，他踌躇再三，最终放弃了。1953年，科学家沃森和克里克也发现了同样的现象，从而提出了 DNA 的双螺旋结构假说，使人们进入到生物时代，并因此获得1962年的诺贝尔医学奖。因为自卑，弗兰克林最终与诺贝尔奖擦身而过。

求职道路上的坎坷和挫折无数，它们会激发求职者的自卑心理。如果求职者不能及时将自卑心理转化为动力，就很难坚持走下去，获取成功。

当年，因为中考失利，加上家庭经济条件的影响，小杨迫不得已选择就读一所职业技术学校。以后每次只要碰到已在重点高中读书的初中同学，自卑的感觉就会悄悄在他的心头弥漫，再加上毕业后因为学历原因始终没有找到一份称心如意的工作，他总觉得自己矮人一截。

在半年后的一场招聘会上，小杨和同学们一起拿着简历，在各个单位的招聘展台前穿梭往来，看到适合自己的岗位，便投上一份。一家企业要招聘财会人员，福利待遇和发展前景都让小杨和同学们非常向往。小杨注意到向这家企业投递简历的同学们大多都是大专、本科学历，而像小杨这样的职校生，少得可怜，根本没有几个。小杨的心也凉了一大截，心灰意冷的他正准备要绕开这家单位，看着自己剩下了最后一张简历，他想了想，将自己在校期间取得的专业技能等级证书和参加职业技能竞赛的优异成绩都一一补充在简历里，最后投递给了这家单位。

让小杨没有想到的是，几天后，他接到了这家公司人事部门通知面试的电话，小杨参加面试后第二天就被通知录用了。那一刻，小杨高兴极了，后来他才知道，正是他补充在简历里的在校期间取得的专业技能等级证书和参加职业技能竞赛的优异成绩，使他在众多大学生中脱颖而出。

回想到自己的求职经历，小杨感慨万千：幸好他及时遏制了自己的自卑心理，也挖掘到了自己的长处和优势，扬长避短，最后终于求职成功。

当你喜欢你自己的时候，你就不会觉得自卑。——罗兰

自卑往往和胆怯亲密不可分，因为自卑，求职者越来越害怕找工作，害怕与人交谈、沟通，严重时，自卑和胆怯会扭曲一个人的灵魂。自卑感的存在让求职者看不到自己的优势，没有信心，进而悲观失望，不思进取。一个人陷入了自卑的深渊，就会受到严重的束缚，聪明才智便无法发挥。

第三节 攀比使人落后

战国时期，孙膑和庞涓原本是一对要好的同学，拜鬼谷子先生为师一起学习兵法。当听到魏国国君以优厚待遇招求天下贤才到魏国做将相时，庞涓再耐不住深山学艺的艰苦与寂寞，决定下山，谋求富贵。孙膑表示先不出山。

于是庞涓一个人先走了。他到了魏国，见到魏王。魏王问他治国安邦、统兵打仗等方面的才能、见识。庞涓倾尽胸中所有，滔滔不绝地讲了很长时间，魏王听了很兴奋，便任命他为元帅、执掌魏国兵权。后来，孙膑秉承师命，随魏国使臣下山。

孙膑到魏国，先去看望庞涓，并住在他府里。庞涓表面表示欢迎，但心里很是不安、不快，他不停拿自己与孙膑比较，得知自己下山后，孙膑在先生教诲下，学问才能更高于从前，更胜自己一筹，十分嫉妒，惟恐孙膑抢夺他一人独尊独霸的位置。

庞涓拿自己和孙膑越比较越不安，终于他使出了卑劣的手段，施了一个计谋，将孙膑用尖刀剜剔下孙膑的两个膝盖骨，并被赶出了魏国。

后来孙膑来到齐国，因为"田忌赛马"事件受到齐国君臣的叹服。齐王命田忌为将；孙膑不公开身份，只暗中协助田忌，为他出谋划策。在魏国与齐国交锋的"马陵之战"中，庞涓中了孙膑的计谋，最后拔剑自刎，此战后，魏国由盛转衰，孙膑却因善于用兵而名扬天下。

一些求职者在选择用人单位时，往往拿自己身边同学、朋友、同事的就业标准定位自己的择业标准，从而导致不同程度的攀比心理。

求职过程中，有的求职者忽视自身特点，对自我缺乏客观正确的分析，不从自身实际出发，不考虑所选单位是否适合自己。而是与身边的同学、朋友、同事攀比，过多的把注意力集中在他人的就业取向上，自己的既定目标受到他人的干扰。

特别是看到曾经与自己从事同种工作、工作能力差不多的同学、朋友、同事找到令人羡慕的工作、获得更高的收入时，就会觉得如果自己找不到更好的工作很没面子。常常会出现"他（她）都能找到那样的工作，凭什么我不能"的心理。为了获得心理上的平衡，将自己就业的目标定位过高，结果自然高不成、低不就，陷入苦恼中。

攀比不同于比较，有的求职者在与旁人比较时会发奋而上，努力发现自己的长处，改正自己的缺点，以找到一份满意的工作；有的人却被攀比心理日益困扰、折磨，甚至渐变成为嫉妒心理。

　　张元磊和周起荣在同一家单位同一部门工作。去年年底，两人同时从单位辞职了，以求谋得更好的工作机会和发展，于是两人同时踏上了求职的征程。张元磊很快就找到了一家中国500强企业，并顺利录取成为该企业的员工，工资待遇达到了5000元以上，原单位的同事们都非常羡慕他。正在奔波忙着找工作的周起荣看了很不服气，他认为在原单位工作时，自己的工作业绩比张元磊好，更得到领导的喜欢和赏识，而且自己积累的工作经验也比张元磊丰富，理所当然应该找个比他工资高的工作，不然在张元磊、原单位同事、家人、朋友们面前岂不是很没有面子？
　　于是周起荣一下子提高了自己的"身价"，面试时大谈特谈

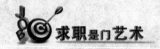
自己如何优秀，如何出类拔萃，希望用人单位对自己刮目相看，提高待遇来"抢走"他这个人才。周起荣甚至提出，工资少于6000元就免谈。过去了两个月，周起荣先后和十几家用人单位进行接触，尽管有好几家用人单位非常适合他，提供的各方面待遇也不错。但由于无法满足周起荣6000元薪资的要求而最终没有达成签约协议。

如今半年过去了，周起荣的工作依然还没有着落。而且现在招聘的用人单位越来越少，规模层次和提供的待遇也大不如前，陆续从原单位辞职的同事们都找到了满意的工作，周起荣的心理愈发不平衡了，但也无可奈何。面对大家异样的目光，周起荣只好跑到外地的人才招聘会上和一家用人单位签了就业协议，月工资3000元，但他在张元磊、原单位同事、家人、朋友们面前都守口如瓶，害怕他们知道了会取笑自己。

求职者起点站在一个低平台上并不是一件有失面子的事，因为世间万物是在不断变化的，如何通过自身努力，借助这个低平台而奋起跳跃到另一个高平台上，再到更高的平台……才是最重要的。盲目攀比，高不成低不就只会让求职者迷失自己的职业理想，甚至从事与自己职业理想背道而驰的工作，最后往往一无所获，悔不当初。

心理学上，攀比被界定为中性略偏阴性的心理特征，即个体发现自身与参照个体发生偏差时产生负面情绪的心理过程。攀比分为正性攀比和负性攀比，正性攀比能引发我们积极的竞争欲望，产生克服困难的动力；负性攀比会使我们陷入思维的死角，产生巨大的精神压力和极端的自我肯定或者否定，对人对己都很不利。要克服负性攀比心理，就需要求职者从职业发展、自身特点、能力和社会需要选择就业，根据自己的实际情况，选择最适合自己的用人单位和工作岗位，千万不要因为面子而耽误了自己的前途。

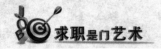

第四节 都是"老实"惹的祸

郑明曾经是某名牌大学工业自动化专业的毕业生。在应聘一家美资企业的动力设备部经理助理一职时,因为太"老实"被企业招聘人张女士当场拒绝。

张女士:你是学什么专业的?

郑明:自动化。

张女士接过郑明的简历,浏览了一下他的毕业学校和从业经历。

张女士:你觉得你能胜任你应聘的职位吗?

郑明:现在我还谈不上能胜任,但我可以多向领导请教、向同事学习,在实践中边干边学,积累经验。

听了郑明的回答,原本带着欣赏目光的张女士却皱了皱眉。

张女士:你为什么选择我们公司?

郑明:我看到贵公司提供岗前培训,这说明公司经营理念非常好,在这样的公司我可以获得发展机会,而且在培训中也可以学到更多的东西。

张女士:我们招聘的是能立即派上用场的人才。你还是回去等通知吧。

张女士委婉地拒绝了郑明。

　　谦虚、诚实是中华民族的传统美德，但是求职者在应聘面试时，太过于谦虚和老实，不仅会行不通，而且往往会成为求职者应聘失败的主要原因。从郑明的个人简历上可以看出，他是一个比较出色的工科类学生，而且已经积累了一定的工作经验。但是他在求职时过于谦虚和老实，对求职意愿表达不明，不敢亮出自己的长处及特色，弄巧成拙，给人的感觉他想找的其实是一份实习类或培训类的岗位，所以很遗憾被用人单位婉言拒绝了。

　　求职者在求职时一定要有竞争观念，在心理上做好相应的准备，善于捕捉一切有利于自己的时机，及时亮出自己的长处及特色。虽然在机遇面前人人平等，但机遇往往只垂青那些具有竞争意识有准备的人。

　　对用人单位来说，他们需要的是自信、有能力可以胜任所应聘职位的员工，如果求职者表现太过谦虚和老实，用人单位会真的以为你没有能力。

　　某大公司招聘人才，经过三轮淘汰，还剩下 11 个应聘者，最终将留用 6 个。因此，第四轮总裁亲自面试。奇怪的是，面试考场出现 12 个考生。总裁问："谁不是应聘的？"

　　坐在最后一排的一个男子站起身，"先生，我第一轮就被淘汰了，但我想参加一下面试。"

　　在场的人都笑了，包括站在门口闲看的那个老头，总裁饶有兴趣地问，"你第一关都过不了，来这儿有什么意义呢？"

　　男子说："我掌握了很多财富，因此，我本人即是财富。"

　　大家又一次笑得很开心，觉得此人要么太狂妄，要么就是脑子有毛病。

　　男子说："我只有一个本科学历，一个中级职称，但我有 11 年工作经验，曾在 18 家公司任过职……"

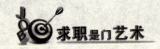

　　总裁打断他，"你的学历、职称都不算高，工作11年倒是很不错，但先后跳槽18家公司，太令人吃惊了，我不欣赏。"

　　男子站起身，"先生，我没有跳槽，而是那18家公司先后倒闭了。"在场的人第三次笑了，一个考生说："你真是倒霉蛋！"男子也笑了，"相反，我认为这就是我的财富！我不倒霉，我只有31岁。"

　　这时，站在门口的老头子走进来，给总裁倒茶。男子继续说："我很了解那18家公司，我曾与大伙努力挽救它们，虽然不成功，但我从它们的错误与失败中学到许多东西；很多人只是追求成功的经验，而我，更有经验避免错误与失败，我深知，成功的经验大抵相似，很难模仿，而失败的原因各有不同。与其用11年学习成功经验，不如用同样的时间研究错误与失败；别人的成功经历很难成为我们的财富，但别人的失败过程却是我们的财富！"

　　男子就要出门了，忽然又回过头："这11年经历的18家公司，培养、锻炼了我对人、对事、对未来的敏锐洞察力，举个例子吧——真正的考官，不是您，而是那位倒茶的老人……"

　　全场11个考生哗然，惊愕地盯着倒茶的老头。那老头笑了："很好！你第一个被录取了！"

　　大多数求职者在应聘时，着力突出自己的毕业证书和工作经历，很少有人会主动告诉用人单位自己的长处和特色。自己的职业理想及职业规划，担心会给用人单位留下不好的印象。而事实上，求职者在应聘时如果能自信面对，把自己的职业理想和职业规划告诉用人单位，容易取得用人单位的好感。因为对用人单位来说，更看重的是新员工的职业规划是否与公司的发展一致。

俗话说，"不想当将军的士兵不是好士兵"，人要有上进心和竞争观念，当今的时代，竞争机制已经深入社会的各个领域和人生的整个过程。求职者应该在正确自我评价的基础上，充分相信自己的实力，敢于通过竞争达到自己理想的目标。同时，要注意自己的期望值是否恰当、合理，如果期望过高、不合理会使自己的心理压力加大，注意力难以集中，应聘时反而影响正常水平的发挥。

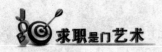

第五节 一口吃不出个大胖子

站在秦淮区法院法庭内的谭磊（化名）始终低着头一言不发，等待判决。4个多月前，饥饿难忍的他冲进一家超市，用啤酒瓶砸向收银员，想抢钱买东西充饥。而一年前，他刚刚从大学毕业，获得了计算机专业本科文凭。

人们很难想象，这个文质彬彬的大学生竟然是一名抢劫犯。法官潘晶描述谭磊给他的印象，"他是一个非常老实的孩子。"对于一个法官来说，带有感情是不合适的，但潘晶说，在宣判的时候，她的情绪一度难以控制，这孩子太可怜了。

一个大学毕业生为什么会落到如此境地，去抢劫超市？"7个月来，一份合适的工作都没找到。"谭磊说，经过4年的计算机学习，他去年7月份从学校毕业，此后一直处于失业状态。"我想找一份每月2000元工资的工作，但是在南昌、杭州和南京我都找了，一直没有找到。"谭磊说，刚到南京时他住在旅馆，30元钱一晚。后来，在他出去找工作的时候，包被人偷走了，身份证和随身带着的1000元钱都没了，身上只剩下几十块钱。找了7个月的工作，他已经花去了家里不少钱，他实在不好意思向家人开口，索性住进了鼓楼医院的候诊大厅，这一住就是3天，这些日子里，他经常饿得难以入睡。

大年初一的晚上，看到别人都和家人团聚，自己孤身一人潦倒到如此境地，又冷又饿的他下了狠心，想用酒瓶将超市收银员砸昏后，抢劫里面的钱，没想到被抓……

一家用人单位招聘负责人说，现在的求职者往往不能摆正自己的心态，相较于自己能给企业创造什么价值，更看中用人单位能提供多少薪酬，这是一个很不正确的认识。尤其是一些过于理想主义的应届毕业生。

现在有不少人在工作时间不满半年就跳槽或辞职。或是不喜欢这份工作，或是嫌薪资太低，或是觉得工作太累。甚至一些求职者决心要找到完全符合自己心目中条件的岗位才去工作。但是社会是现实的，短期内就能找到一个完全符合自己职业理想的工作偶然性太小，于是，大多数求职者选择了做"家里蹲"。但是时间长了，家人的质疑和埋怨，亲戚和同学们异样的目光，都渐渐让求职者感觉到了压力，浮躁，无法静下心来找工作，求职成功的机会就更少了。

求职者在找工作时一心想要"一口吃成个大胖子"，从而忘了工作的实质，是给自己提供一个能够奋斗和提高的平台。

有一位年轻人大学毕业后来到美国西部，他想当一名新闻记者，但人生地不熟，一直没有找到合适的工作。于是，他想起了大作家马克·吐温。年轻人写了一封信给他，希望能得到他的帮助。

马克·吐温接到信后，给年轻人回了信，信上说："如果你能按照我的办法去做，你肯定能得到一席之地。"马克·吐温还问年轻人，他希望到哪一家报社工作。

年轻人看了十分高兴，马上回信告诉了马克·吐温。于是，马克·吐温告诉他："你可以先到这家报社，告诉他们你现在不需要薪水，只是想找到一份工作，打发无聊，你会在报社好好地干。一般情况下，报社不会拒绝一个不要薪水的求职人员。你获得工作以

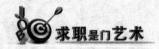

后，就努力去干。把采写的新闻给他们看，然后发表出来，你的名字和业绩就会慢慢地被别人知道，如果你很出色，那么，社会上就有人会聘用你。然后你可以到主管那里，对他说，如果报社能够给我相同的报酬，那么，我愿意留在这里。对于报社来说，他们不愿意放弃一个有经验且熟悉单位业务的工作人员。"

年轻人听了，有些怀疑。但还是照着马克·吐温的办法做了。不出几个月，他就接到了另一家报社的聘任书。而这家报社知道后，愿意出更高的薪水挽留他。

《中庸》"行远章"中讲："君子之道，譬如行远，必自迩；譬如登高，必自卑。"意思是说，君子修道由浅入深，譬如到远方去，一定先从近处启程；譬如登到高处去，一定会从低处起步。

许多求职者总想着一步登天，想从事一份完全符合自己要求的工作，否则就抱着怀才不遇的想法，其它什么都不愿意做，最后一事无成。

"人往高处走"多是起步于低处，求职者应该脚踏实地，"一口吃成个大胖子"不可取，也不可行。人生，就是一个不断积累、迸发，最后终于实现完美自我的过程。只有不断尝试，不断积累经验，不断付诸于行动，才能使自己迸发得更快，更精彩。

求职者应该认真对待每一个可能带来发展的机会。诚然，"良禽择木而栖"，每一位求职者都想找一份理想的工作，但什么样的工作才算"理想"，则要因时而异。如果求职者根据自己的职业规划，先找一份适合自己发展，能累积到很多实践经验的基层工作，有了这些宝贵的经验，再去寻找更理想的工作，或是在原有岗位往更高的岗位发展，就显得比较现实、容易多了。

第六节 求职也要"赶时髦"

　　魏萍毕业于某师范学院，毕业后却一心想从事计算机类的工作。因为她所学专业是非计算机类专业，缺乏较全面的计算机知识，所以只能做一些简单的计算机类工作，薪资较低，而且一年过去了，她的计算机技术和能力依然没有得到任何提升，发展前景堪忧。

　　魏萍决定跳槽了，她锁定的下家目标是一家依然与计算机有关的网络科技有限公司，应聘岗位依然是做一些简单的计算机类工作。她的个人简历和工作经历让这家公司的 HR 非常困惑，惊奇地问她：

　　"魏小姐，从你的毕业证和在校时获得大大小小的奖来看，你还是比较适合做一名教师，那你为什么要从事计算机类的工作呢？你不喜欢做一名教师吗？"

　　魏萍坦言："现在的计算机专业比较热门！我的亲戚里有好几位都是做计算机程序员的，他们的工资高，发展前景也很好，全球首富比尔·盖茨不也是从事计算机的嘛？我觉得从事计算机类的工作比做教师有潜力多了，所以我只想做计算机类的工作。"

　　最后，魏萍并没有被这家公司录取。在初试意见中，HR 写到：该同志缺乏此岗位相关专业技术能力……无主见，赶时髦，没有自我的判断能力……

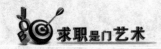

什么是热门行业？一方面，与该行业相关的人力资源呈现供不应求状态；另一方面，市场因素造就相关行业，或与该行业职业相关的企业呈突飞猛进之势。具备上述两个条件的职业，就被人们称之为热门职业。然而随着经济社会的不断变化发展，今天的热门行业明天可能会变成冷门行业；今天的冷门行业明天也可能会变成热门行业。例如曾经风靡全球的金融行业，因为遭遇金融危机，而出现了全球金融界大规模裁员、一职难求的境况。如果求职者一味赶时髦，只愿意从事热门行业工作，而缺乏对自我综合条件、职业发展空间的审视，以及良好的判断能力，就极有可能遭遇"冷门"或职业瓶颈。

2005 年 4 月，全球最大的在线交易平台，eBay 全球工程副总裁许良杰婉言谢绝了 Google 聘请他出任中国技术总裁的邀请，当有记者采访他，他的选择是否意味着在线交易今后前途远大？许良杰却回答道，在线商务行业目前处于高速发展期，预期年增长 35% ~ 40%，需要大量人才加盟。不过最多 3 年之后，行业将达到相对成熟期，届时对人员的需求将没有现在那么大。

找工作不能赶时髦，求职者不要盲目听信别人的话，要自己做好分析，如今后职业发展空间有多大，这个行业是不是适合自己发展、能不能最终掌握行业核心技术等等。

小汪就读于南京某大学的金融专业，可是两年过去了，他依然没有找到一份和自己专业对口的理想工作。在他看来，金融专业历来都是热门专业。

几年前，自己以优异的成绩考取了名牌大学的热门专业，原以为毕业时能找到一个称心如意的工作，没想到一场金融危机，让他的梦想成为泡影。他的一些同学，因为找不到与自己专业对口的理想工作，而从事当时看来非常热门的房地产、IT、汽车企业等行业，现在也都在纷纷抱怨和担忧，感觉这些行业似乎已经过了"风头期"，现在已经是"冷门"行业了。

与小汪遭遇不同的是小唐，她由于高考发挥不理想，不得已上了一所农业大学，专业也非常冷门，当时，她几乎是很不情愿走进了这所大学的校门。让她没想到的是，三十年河东三十年河西，金融危机发生后，她所学习的专业一下子成为了热门专业，她很快找到了一个不错的单位。

2010年河北省秋季人才交流会上，很多人们眼中的"冷门"行业，在就业市场上却成了企业需求的热门。来自保定徐水的河北大午农牧集团就提供了包括动物营养、农场技术以及农产品营销等在内的多个职位。但企业的负责人表示，在两天的招聘会上，企业收到的应聘简历并不多。而且负责人表示，农牧业行业的待遇很高，农产品也是一个很大的市场，是现在的冷门行业、未来的热门行业，如果在有前景的冷门行业干下去，将来的回报是非常不错的。

　　俗话说，"三十六行，行行出状元"，求职者不应该因为热门行业而强求自己从事自己不喜欢或不擅长的职业。其实，任何职业都没有"热""冷"之分，好坏之分，贵贱之分，关键是怎样把它学好，灵活运用，使自己成为某一领域专家或佼佼者。"人无我有"，"人有我精"，只要做好自己领域内的工作，做精做专，就一定会有所发展。

第七节 因为优秀，所以失败

杨宇欣毕业于一所国内著名的外语大学，在获得了本科学位之后，又在英国拿到了硕士学位。回国后，她很快在一家跨国公司谋得了一份总经理助理的职位。几年下来，杨宇欣获得了丰富的职业经验，开阔了全球化视野，从当初的一个清纯学生变成了一个国际化的人才，杨宇欣无疑是成功的，她骄傲，她自豪，她不断地得到周围人的赞美与艳美。

几年后，杨宇欣恋爱了。她确实也有些累了，不想再东奔西走了。她很想进一家国内的大企业，有一份踏实安定的工作就挺满足。杨宇欣相信凭借着自己的实力，进一家本土大公司是小菜一碟。

面试那天，杨宇欣自信满满，因为在和她一起来面试的人中，无论从资历、学历、外语能力及口头表达能力，正如她事前判断的那样——都不及她优秀。再加上杨宇欣对这家公司招聘岗位的了解，她也认为非常适合这个工作，并且完全可以胜任。

然而，在接下来等待复试的几天里，杨宇欣始终没有等到公司的电话。一个星期过去了，电话还是没来。杨宇欣按捺不住了，便主动打电话到那家公司，可是对方给她的回应是：他们已经招到了合适的人才！

"合适的人才？！"难道我就不合适吗？这是杨宇欣当时的第一反应。竞聘落选对于杨宇欣来说有点像晴天霹雳，她倒不是因为觉得缺少了一份薪水和一份工作，而是她觉得这是对她以往所有的成功及价值感的一种严重否定。杨宇欣有点懵，一下子找不到方向。

　　这次求职的失败对杨宇欣来说是个打击，她实在想不通优秀的自己竟然遭遇失败。她感到痛苦和困惑，从此一蹶不振。

　　这次求职的失败无疑对优秀的杨宇欣来说是个严重打击，成功的她、骄傲的她、自豪的她，因为想不通自己为什么会遭遇失败，而感到痛苦和困惑。其实，仔细研究杨宇欣求职时的心理表现，就会发现杨宇欣的求职失败在偶然中又有一定的必然性。

　　用人单位招聘人才时，都有自己的一个能力期待范围，只有在这个范围内的人才才是他们真正想要的人选。对于那些优秀的人才，用人单位拒绝他们的原因，或是害怕无法满足其薪资要求；或是害怕他们不能踏实工作，不能与公司一起发展；或是担心他们因自己的出色而骄傲自满，不愿意接受领导的管理；此外，有的用人单位拒绝优秀人才的根本原因，是害怕他们威胁到用人单位领导本人的职位。这是人们的一种阴暗心理，但又是不争的事实。不管是哪一种原因，都与求职者太过锋芒毕露、骄傲自满有一定的关系。

　　一位面试者在面试前自认为各方面都比别人优秀，因此他认为自己可以高枕无忧了，谁知主考官在面试中出其不意，提了一个他前所未闻的问题。顿时，他像失了魂似的，情绪十分低落。等到主考官再提些简单的问题时，他仍无法从刚才的失败中走出来，最终名落孙山。

　　小杨，计算机博士学历，现在是某名牌 IT 公司的技术总监。有谁能想到，当初留美归来的计算机博士也过了半年的"家里蹲"，

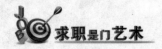

即使后来进了公司，也只是一个办公室助理。

当初留美归来后，小杨开始抱着自己的一摞学位证等证书寻找工作，但是半年下来，竟然没有被一家公司录用，他在家里呆了大半年。一位昔日的同窗好友告诉小杨，不要整天想着自己是个博士，以为自己就是不可或缺的人才，得先让企业有一个机会了解自己，知道自己有"真材实料"才行。

一语惊醒梦中人，小杨很快调整了自己的心态，他索性收起自己的博士文凭，而只拿出本科的文凭，结果很快被一家电脑公司聘用了，让他做一些简单的电脑操作。但是小杨干得很认真，每次加班总会发现他的身影，几个月下来，公司上下都很喜欢他。

小杨在半年的公司小结中发现了一些公司内部程序上的错误并向老板提出。老板的眼睛是雪亮的，升了他的职。不久，老板发现他的程序设计和经营管理水平明显比公司其他管理人员和专业人员高出一筹，感到非常奇怪。此时，小苏终于亮出自己的博士底牌，老板先是一惊，发现自己竟然大材小用了，也非常欣赏小杨愿意从基层做起，不骄不躁，踏实诚恳的人品，决定重金聘用他，让他负责全公司的业务运作。

终究到底，优秀人才对自己的估计太高，会洋洋自得，盲目自信，甚至骄傲自满，容不下别人，这会在择业中给自己带来诸多不利。

遭遇求职失败后，感觉以往的成功和价值感都被否定的杨宇欣，非常痛苦和困惑，从此一蹶不振；而小杨从一开始就放低了姿态，他的职业之路如芝麻开花节节高，一帆风顺。求职时放低姿态，是一种素养，更是一种大智若愚的智慧。在职场中，我们不怕被人看低了，就怕被人看高了，最好的策略是，先要被人看平，甚至看低，再逐步被人看高。

　　求职的时候，让低姿态成为一种常态，气势上不要超过对方，不要太傲，不要盛气凌人，不要自作主张。同时求职者要知道，放低姿态并不是没有自信的发现，恰恰是因为求职者拥有充分自信所以才要放低姿态。俗话说"低调做人，高调做事"，低姿态起步，高标准做事，让你的老板或上司看到你出色的工作能力，又对你谦和、踏实、诚恳的人品赞赏有加。

第八节 来自世界 500 强的诱惑

小江名校本科毕业，至今已经有 4 年工作经历了。打从学校毕业找工作起，小江就给自己定了一个要求：非世界 500 强企业不进。和大多数目光只盯着名企看的求职者一样，小江觉得世界 500 强企业的名气大一点，自己工作的起点就高一点，日后的发展空间也会大一点，而且也会让家人、同学、同事们对他刮目相看。

说起来小江也是非常幸运，刚毕业那会儿，因为自己是学校推荐的优秀毕业生，所以当大企业来学校招聘的时候，他也就在众多同学里脱颖而出了。他第一次就职的就是一家世界 500 强的集团公司，虽然听起来名气很好听，工作的确比较稳定，可是自己做的只是最基础的行政工作，工作的内容非常琐碎也比较单调，而且公司里人才济济，两年过去了，小江依然没有得到升职加薪的机会。考虑到自己的发展前途，在这里工作了两年之后小江就自动辞职了。

由于是名校的本科文凭，加上自己比较流利的英语口语以及两年的世界 500 强企业工作经验，小江还算顺利的就在另一家世界 500 强企业找到了新的工作。刚到公司的时候，小江被派做基层的销售工作。小江学的是工商管理专业，自己当前的工作和所学的专业也相差甚远，可是毕竟是在 500 强，他觉得只要自己好好干发展空间应该还是比较大。虽然小江工作已经很卖力了，可是每个月的销售业绩总是比不过别人，而销售本身薪水和业绩就是相挂钩的，所以薪水也拿的比别的同事少。用小江的话说就是："不是我没用，是他们太厉害了！"在这个高手如云的公司里，他感到压力重重。如今屈指算算自己在这家公司也做了两年多了，原先什么职位自己现在还是什么职位，面对着强劲的竞争对手，小江深知自己在这里依然毫无发展空间可言。

世界 500 强企业在求职者心目中有多大的魅力？和一般的中小型企业相比，名企，尤其是世界 500 强企业就像是一堆玻璃珠里的一颗水晶，让许多求职者青睐不已。甚至像小江一样，目光只盯着世界 500 强企业看，抱着"非 500 强不进"的心理。

职业专家对小江在职业倾向性、职业性格、职业满意度、职业价值观、职业管理能力等几大方面进行了综合的测评，通过测评报告的分析结果，发现小江的综合条件并不适合从事销售这一块，而他的强项正是与他所学的专业相关的管理能力这方面。为了能进入世界 500 强企业，小江甘愿放弃了自己所学的专业，而从事与自己专业风马牛不相及的销售工作。虽然他觉得世界 500 企业名气大，有发展空间，身边的家人、同学、同事们也都对他刮目相看，但"冷暖自知"，只有小江自己知道个中的辛酸滋味，而且职业能力和薪酬水平始终没有得到提升，发展空间也变得遥不可及。

小松在校时所学专业是机械设计制造及自动化，不仅成绩优秀，还有过创业经历。也正因为如此，小松一直将自己的就业目标锁定在名企上。为实现这个目标，他每天天不亮便匆匆起床，拿着自己精心制作的简历到人才市场"赶场"。据他统计，他参加了不少于 50 次的招聘会，其中有 20 次都成功获得名企的面试机会，但每次

面试都惨遭"淘汰"。

看着身边的人一个个都找到了就业岗位，仍在招聘会上"漂"着的小松终于冷静了下来，决定放弃竞聘名企，转向一些规模中等、发展良好的中小型企业递交简历。出乎意料的是：仅三天，他便收到了来自江苏、浙江、河南的三家企业的录用通知。"从求职半年屡次碰壁，到现在需要考虑选择哪家单位上班，这个变化也太大了。"小松说。

他认为，以前求职不顺，主要是因为目光只瞄准了名企，但忽略求职要量力而行，名企虽然诱人，但毕竟岗位数量很少，竞争过于激烈。而应聘一些中小企业，则更能使自己的就业竞争力得到体现。

每一位求职者都应该树立科学的择业观。诚然，名企尤其是世界500强企业在福利体系、发展机制、员工培训等方面都比较完善，但是如果为了进入名企铤而走险，放弃了原来的专业、积累的工作经验甚至是人脉资源，在名企的大海里奋力拼搏，沉沉浮浮，有的人最终如愿以偿，有的人却无功而返，无谓地付出了巨大的时间成本。

如果求职者量力而行，将目光转向一些中小型企业，反而能使自己的就业竞争力得到体现，从而在岗位层次和薪资水平、发展空间上都会有大幅度的提升。

选择名企之前，求职者还要考虑自己要付出多大的成本？进入这家名企后会从事何种岗位？这个岗位是否偏离了自己的职业理想和职业规划？自己的综合条件是否真的能胜任这个岗位？只有该岗位和自己的职业发展目标是相挂钩的，求职者在进入名企以后，才能很快掌握职业技巧和发展方向，从而最终实现自己的职业发展目标。

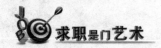

第九节 第一百零一次敲门

瑞典的化学家塞夫特穆，在 1830 年发现了一种新的化学元素——钒。

其实，当初和他一起研究的，还有他的好朋友维勒，可是维勒受不了一再失败的打击，所以在中途退出了研究。塞夫特穆仍然继续坚持，最后终于获得成功。

在发表这个重大发现的时候，塞夫特穆以轻松风趣的笔调，像童话一般地写到：

"在宇宙的极光里面，住着一位漂亮又可爱的女神。有一天，有人来敲女神的门，因为女神正在忙，所以没有开门。女神正等着那个人再来敲门，可是这个人只敲了一次，就离开了女神的家。女神心想：这个匆匆忙忙的冒失鬼，一定是维勒！其实，如果维勒再敲一下，不就可以见到女神了吗？

过了几天，又有人来敲女神的门。这个人很固执，一次敲不开，就一直继续地敲下去，一直敲了一百次，就在他敲第一百零一次的时候，女神终于打开了门，发现是塞夫特穆。塞夫特穆见到了女神，钒就因此被发现了。"

人的一生不可能一帆风顺，曲折坎坷时居多，求职之路也是如此，鲜少有人能一次求职就成功，我们应该随时做好迎接失败的心理准备，坚信失败乃成功之母，正如故事中不断敲着女神之门的塞夫特穆。所以，失败并不可怕，可怕的是害怕失败。

　　求职者在求职过程中一个最普遍的心态就是害怕失败，自信心不足。尤其一些求职者屡屡面临失败，失败后总是忧心忡忡，失去了自信心，不能适当地向用人单位展示自己的专长，素质和能力水平都得不到应有的发挥。甚至会出现"求职恐惧症"，产生回避心理。在众多的竞争者面前自我禁锢，错失许多机会，从而严重影响自己的就业机会。

　　我们且把《三国》里求才若渴的刘备当做求职者，把镇定自若、深藏不漏的诸葛孔明当做 HR。英雄如刘备，在"三顾茅庐"后才成功将诸葛孔明请下了山，从此为他指点江山、出谋划策，助他日后建立了蜀国。

　　"先介绍一下自己吧"！

　　又是老一套，每家公司的招聘人员都好像例行公事一样。我强打精神从大学讲起，直到说完最后一份工作，然后"挤"出一个微笑看着面试者，心想：该问问题了吧？

　　这已是我到第十八家公司参加面试。北京工作机会多，但竞争激烈，一个好职位往往有几十人来竞聘。在吃了一次次"闭门羹"后，我仍旧每天不倦地挤公车、找工作。离职近一个月，我仍没找到工作，开始怀疑自己的能力。夜里，我辗转难眠，心想：自己是重点大学毕业，有两年的销售经验，英语流利，外形不算差，究竟是哪个环节出了问题？

　　郁闷归郁闷，每天我还是面带笑容，一副满怀自信的样子参加大大小小的招聘会。同时我还在网上投简历，看到合适的职位，就投上一份。投之前，我会认真给公司写封短信，谈谈对公司的看法、建议以及发展设想，以期给对方留下深刻印象。"凡事预则立，不预则废"，由于积极准备和充足的自信，我赢得了许多面试机会。

几轮面试过后，同时有3家公司向我抛出"橄榄枝"，特别是一家大型电信运营公司的副总裁助理这个职位，我非常心仪。面试那天，当对方问我对这个职位的看法，我当时没有深思熟虑，顺嘴说只是想多了解业务的事。没想到就是因为这句话让我失去了这份工作。"吃一堑，长一智"，在以后的面试过程中，我都小心翼翼地从公司的角度来考虑问题、回答问题。功夫不负有心人，一个月后，我终于被一家马来西亚的电脑服务公司录用了。

求职成功的原因只有一个——在众多应聘者中，你是用人单位认为最适合的员工。而求职失败的原因却千千万万，而且各不相同。或因为期望值太高，职业太热门；或因为经验和修养不足；或因为成绩、能力不佳，所学专业不对口；或因为弄虚作假，投机取巧；或因为夸夸其谈锋芒毕露；或因为思想作风和态度不端正；或因为频繁跳槽，自我炫耀……甚至是因为你不是最佳人选，有其他人比你更适合做这份工作。

一场应聘中不可能个个都是成功者，如果在竞争中失败了，求职者除了不要气馁，还必须总结经验教训，找出失败的原因。尤其是屡屡求职失败的求职者，更要改变求职策略，并针对自己的不足重新做准备。

马斯洛理论把需求分成生理需求、安全需求、归属与爱的需求、尊重需求和自我实现需求，其中自我实现排在最高层次，说明人的最高需求是自我的实现。不管前路多么艰辛，每个人都应该朝着自我实现这个目标去努力，而不能因为一点点的失败，从此消沉。

求职者面对失败，应该树立坚定的信念，抱着良好的心态，越挫越勇，并且要善于分析和总结失败的原因，并加以纠正和改进，满怀信心再次踏上求职的征程，相信阳光总在风雨后。

第三章

求职简历艺术——做一份人见人爱的简历

一份人见人爱的简历，能在众多求职简历中脱颖而出，给用人单位HR留下深刻的印象。所以，好简历就是一块有助求职者应聘成功的"敲门砖"。

只要你的简历没有引起招聘单位的注意，那么你的这次应聘就是失败的。

如果你以为个人简历就是个人信息，只需要将个人基本信息、学习经历、工作经历罗列在其中，就大功告成。那你就大错特错了；

如果自诩聪明的你，在简历中大篇幅填写了自己所有的"丰功伟绩"，让HR大吃一惊：这就是一个全能人才！你以为自己这匹"千里马"必会被收到了简历的"伯乐"们争抢无疑。事实上，你也错了。

很多人将简历投递视为一种机会游戏。他们将骰子掷出，至于结果如何只能听天由命了！这是很不好的策略。

简历的最终目的——引起用人单位的注意。用人单位希望求职者的简历或求职信能提供他们想要的信息，使他们能给予其面试机会，对其做更进一步的了解。如果求职者了解到这一点，充分掌握了简历的艺术，并能提供出用人单位最关注的相关信息，那么就能引起招聘者的充分注意。

不是你不会做简历，而是你不懂简历的艺术。

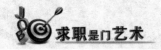

第一节 真实比完美更重要

这是一个因为求职者简历造假，最后被判刑二年半的真实案例。

刘志刚，31岁，河南人，农村户口。因为家里只有刘志刚一个男孩，所以从小他备受宠爱。他小学和初中的学习成绩突出，是全家人的骄傲，全村人的楷模。

上高中后，刘志刚的成绩一直很不理想，这让他一度灰心丧气。高中毕业没有考取心目中的大学，刘志刚不知从哪儿弄来一张录取通知书，说自己被北京大学录取了，全村人都知道了，大家纷纷向刘家贺喜。

1995年9月，刘志刚背着行李，独自来到北京"上大学"。他给自己订下目标：用四年时间自学完大学课程，要和那些正规的大学生比一比水平。

为了便于发展，刘志刚办了一张假身份证，名字叫"刘育豪"，住址为北京大学经济学院。几年来，刘志刚四处漂荡，有时也来到北京大学，旁听计算机课程和经济学课程。见得多了，听得多了，刘志刚觉得所谓的博士也就是那水平，有时候甚至不如自己。

2004年11月14日，全国第六届高级人才洽谈会在北京的中国建筑文化中心举办。一心急于找工作的刘志刚参加了此次的人才招聘会，给郑州某高校招聘人员留下了一份简历。在简历中，刘志刚自称北大毕业，已考取经济学专业（硕博连读）。自己先后任北京大学研究生会副主席、在中国证监会基金部任助理研究员、信息产业部电信规划院任电信规划咨询师、北大教员等职，主持过东风汽车与日产合资的改制及并购等等。并称自己的英语水平为国家大学六级，具有翻译经济学相关方面资料的基本技能。

其实，简历中所有的头衔，都是刘志刚精心编造的。为了实现自己的理想，他撒下弥天大谎。后来，刘志刚顺利进入了郑州某高校。高校的领导指示有关工作人员，尽快按刘志刚的要求给他划拨4万元安家费。

2005年1月下旬的一天，高校人事处在查刘志刚的学历时，发现其中并没有学历记载，简历上所撰写的论文，在有关刊物上也找不到，到中国期刊网查找，也没有，查遍数据库也不见踪影。高校这才发现，刘志刚的名字、基本情况、学历情况全部为虚假。2005年2月3日，高校在错愕中报了案，刘志刚被刑事拘留。后来，法院以诈骗罪判处刘志刚有期徒刑3年零6个月，并处罚金4000元。退赔高校经济损失5370元。

"北大博士"案发后，曾一度引发社会各界的广泛关注。求职者"造假简历"的危害是显而易见的。有教育专家指出，它首先会造成一种不公正的就业环境，进而给用人单位带来损失；其次，一旦求职者"造假简历"成为普遍现象，就会造成整个群体的诚信度降低，使社会对求职者产生不信任心理，这种看不见的危害后果是无法估量的。

许多用人单位招聘负责人表示，求职者在简历中"注水"的现象并不在少数。一些求职者在简历中对自己的工作经验夸大其词，甚至编造自己的工作经历，但是在通知求职者前来面试时才发现，他们对一些专业的基础知识都还很生疏，甚至一问三不知，无法自圆其说，最后只能被用人单位拒之门外。

当然，目前"造假简历"盛行，但大多数造假者都没有刘志刚那么胆大妄为，撒下弥天大谎，因"造假简历"而被诉诸法律的求职者寥寥无几。

一旦被用人单位发现求职者的简历有造假的现象，求职者的人品道德就会完全丧失，这也注定这个求职者无法找到优秀的雇主。即使侥幸蒙混过关，被用人单位录取，但是"造假简历"一旦露馅，就会面临轻则被开除，一切将从头再来；重则被诉诸法律的境地。

最近，小陈遇到了一件令他终身难忘的事，原因是他在简历中"注水"，导致他失去了一次很好的就业机会，每每回想起来，他都懊悔不已，也为自己的造假行为感觉到羞耻，甚至在心里蒙上了一层阴影。

在某报社实习的小陈本来干得不错，在实习期间非常勤奋，发表了多篇稿子，得到了报社许多人的认可。小陈自己也感觉良好，认为在该报社找到一个适合自己的岗位是十拿九稳之事。然而，他在自己的简历中耍了小聪明，从而耽误了自己前途。小陈在实习期间共发稿20来篇，其中有3篇是版面头条，但他略加"浮夸"，写成了"发稿50余篇，版面头条近10条"。令小陈意外的是，他的简历送到报社人事部门后，偏偏又被转回他原来的实习部门进行考察。结果，本来挺欣赏他的主管领导一看简历就皱起眉头：印象当中小陈没发这么多稿。仔细一查，印证了领导的猜疑，小陈反而给报社留下了"不够诚实"的印象。主管领导虽然爱才，但考虑到新闻从业者的品德要求，最终放弃了小陈。

求职者做"造假简历"的目的，是为了让自己的学历、工作经验和经历看起来更完美，更容易得到用人单位的青睐。事实上，完美固然重要，但是虚假

的"完美"只会被用人单位怀疑求职者的人品道德，最后求职失败，功亏一篑。

法学专家认为，出现"造假简历"现象，从某种程度上说，跟我国相关法律的欠缺有关，如果要从根本上防止求职中的造假行为，还应当通过完善法律法规，加大对造假和诈骗者的打击力度。

第二节 简历要有"卖点"

1482年，31岁的达·芬奇给当时米兰的最高统治者、米兰大公鲁多维柯斯弗查写了一封求职信，希望谋得一个军事工程师的职位。这封求职信就是闻名于世的《致米兰大公书》：

尊敬的大公阁下：

来自佛罗伦萨的作战机械发明者达·芬奇，希望可以成为阁下的军事工程师，同时求见阁下，以便面陈机密：

一、我能建造坚固、轻便又耐用的桥梁，可用来野外行军。这种桥梁的装卸非常方便。我也能破坏敌军的桥梁。

二、我能制造出围攻城池的云梯和其他类似设备。

三、我能制造一种易于搬运的大炮，可用来投射小石块，犹如下冰雹一般，可以给敌军造成重大损失和混乱。

四、我能制造出装有大炮的铁甲车，可用来冲破敌军密集的队伍，为我军的进攻开辟道路。

五、我能设计出各种地道，无论是直的还是弯的，必要时还可以设计出在河流下面挖地道的方法。

六、倘若您要在海上作战，我能设计出多种适宜进攻的兵船，这些兵船的防护力很好，能够抵御敌军的炮火攻击。

此外，我还擅长建造其他民用设施，同时擅长绘画和雕塑。

如果有人认为上述任何一项我办不到的话，我愿在您的花园，或您指定的其他任何地点进行试验。

向阁下问安！

米兰大公收到此信后不久，就召见了达·芬奇。在短暂的面试后，达·芬奇成为了米兰大公的军事工程师。

这是一封历史上非常著名的求职信，也是一份很有卖点的求职简历。当时的米兰大公鲁多维柯斯弗急需达·芬奇这样的军事人才，而达·芬奇瞄准了米兰大公的军事人才的需要，并一一罗列出自己的能力和优势，一句一个"我能"，句句击中米兰大公的心脏，最后达·芬奇如愿以偿成为了米兰大公的军事工程师。

市场需求的特点是：谁能最大地满足别人的需求谁就有价值。简历要有卖点，不能胡子眉毛一把抓。最好在投简历之前仔细查看用人单位对该工作岗位职责的描述，然后在简历中重点突出求职者的能力，可以给用人单位带来怎样的效益。

简历中有几栏是用来给用人单位留下深刻印象的，也是决定对方是否给求职面试机会的关键，如何在这几部分内容中突出自己的卖点非常重要。

业绩：以曾经骄人的的业绩去打动用人单位，突出技能和成绩，运用数字、百分比或时间等量化手段加以强化。

能力：对自己各方面能力加以归纳和汇总，注意要扬长避短。

工作经历：包括所有的工作历史，在保证真实性的前提下，尽量扩充与丰富自己的工作经历，但用词必须简练。

技能：列出所有与求职有关的技能。

嘉奖：这是一个令用人单位注意到求职者已获得肯定的机会，并要突出此嘉奖和所求职务的相关性。

求职者简单介绍未来职业的目标定位，用人单位会通过求职者的职业

定位，明确求职者的发展方向是否与招聘职位相吻合，这也是简历的一大
卖点。

    王小彰毕业于东北的一所非常普通的大学，所学专业是工科类
的一个极普通的专业，她在多次奔波于东北各地的人才市场毫无结
果后，决定到北京试试运气。她希望能在北京找一个听起来好听的
工作，只要工资不低于 2000 元就可以，最好能达到 2500 元。之所
以期望值这么低，关键是她认为自己求职时没有什么优势，学校没
名气，专业不热门，她本人在校期间没得到任何先进、奖励或干部
职位，连社会实践都没有参加过，唯一的一次家教机会还是同学不
愿意去送给她的。在各地人才市场上，除了往专业对口的公司送个
人简历以外，别的公司她都不知道该和人家说什么。她简历上唯一
的一个优势就是在大二时勉强过了英语六级，但她说后来又荒废了，
连自己的英文简历都写不好，所以外企和进出口类企业她不敢过问，
怕对方用英语面试她。

    王小彰在北京已成功找到一份好工作的表姐徐玲决定帮帮她。
徐玲得知王小彰的中英文录入速度极快，而且精通各种办公软件的
使用，几个同学的毕业论文和教师平时的一些文稿以及 Powerpoint
都是她代劳的。

    徐玲根据王小彰所说的情况为她改写了简历，一页 A4 纸的中
文简历，一页 A4 纸的英文简历，重点量化了她的汉字录入速度为
120 字／分钟，曾在一周内为学校录入近千份 Excel 表格和曾为教师
做过数百幅 Powerpoint 并被其他教师作为模板广为引用，另外表达
了她踏实认真的工作作风。简历做好后，徐玲建议王小彰应聘有工
程背景的外企的行政文秘类职位。

    最后的结果是王小彰只经过二轮面试，就成为用人单位的一名
行政秘书。

　　王小彰的这段求职经历和最终结果，从王小彰的角度是偶然的，是幸运的，而从用人单位招聘人员的角度看，是必然的，理性的。因为用人单位行政文秘岗位需要的，正是工科背景、办公技能能达到职业水准、工作踏实肯干的员工，而王小彰简历中展现出来的卖点正中下怀，最后求职成功。

　　即使求职者真的多才多艺，也不要将各种技艺统统罗列其中。不能很好的表明求职者在某个领域中有独特的优势，反而会使用人单位认为求职者只是个"博爱"的人罢了。适当在简历里加一些"色彩"，会达到画龙点睛的效果，但如果将整碗颜料都倒进去，后果可想而知。

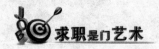

第三节 有创意的简历让 HR 眼前一亮

这是一件让人惊叹不已的创意简历求职成功的案例。1 分 37 秒的视频简历，就让几十份好工作主动找到了他。

他叫马文，毕业于西安理工大学。在马文的《仿惠普自我推荐广告》视频中，一个黑衣人在跳跃的音乐背景中，用双手潇洒做出各种手势：凭空拖拽出电影海报、像赌王一样将照片撒得天花乱坠、剪刀手将两棵树剪成两个电影人物……

从李安到王家卫，从周星驰到姜文，正当人们被星爷的经典台词"其实，我是个演员"逗乐时，视频的旁白这才道出作者的真正目的，"其实，我是个求职者……我的理想是做一名广告设计师或电影工作者。"最后，视频下方出现了马文的联系方式。

这份纯熟运用三维软件的简历创意地表达了马文的专业特长与个人信息、直观地展示了他对自己的创意的自信。上传到优酷网后，点击率高达 200 多万，被上万人转载发表，网友跟评难以计数，被网友们一致推评为"最牛视频简历"。视频上传一个月之后，他收到了数十家公司的邀请，马文很快就在广州找到了一份非常满意的工作。截至目前，马文视频中留下的邮箱每天还能收到不少用人单位的邮件。

英国小伙亚历克斯，在投递了数百份简历却一无所获以后，面临窘境的他决心让自己的简历与众不同，引人关注。他跑到伦敦的特拉法尔加广场，爬到一个高高的柱子上，挂起一副由墙纸做成的简历，足足有 3 米长。不久，一家公司的经理给他打电话联系，约他面试，最后，他脱颖而出，担任了公司销售经理一职。

数据显示，HR 阅读每份简历的时间相当有限，花 15 秒进行简历的粗略浏览，而阅读感兴趣的简历不超过 120 秒。在这短短的 15 秒的时间内，如何让简历内容吸引住 HR 的眼球非常重要。只有有创意的简历才能从众多的简历中折射出光芒，吸引 HR 的目光。

一位应聘某药业公司的求职者，在简历上用"新产品、企业标示、企业名称、企业识别色"等元素来介绍自己，最后他求职成功了；一位应聘某房地产开发公司的求职者，他把自己的求职简历做成了一份楼盘预售公告，一份楼书，老总当场拍板：只要这个人不是个万恶之人，一定要把他留住；一位应聘某公司财务人员的求职者，把自己的求职简历做成了一份会计报表中的资金平衡表，最后被成功录取……

每一门专业学科、工作岗位都有自己的专业的语言，以专业语言来诠释自己的简历，就一定会是一份让人爱不释手、过目不忘的简历。只要展开想象的翅膀，勇于创新，每个人都能做出一份有创意的简历。

毕业于北京工商大学广告专业的夏燕，成功应聘为北京一家广告公司的策划人员，现在已经签约了。夏燕觉得自己能被这家广告公司留下的原因，除了踏实诚恳的学习态度外，先后两份独具风格的简历起了很大的作用。

当初夏燕在求职的时候，并没有很确定的目标，她认为只要找到符合自己兴趣的工作就行。一家著名的 4A 广告公司到高校进行了一场轰轰烈烈的宣讲会，会后，求职者们投递的简历堆得像小山一样。夏燕决定应聘这家广告公司的策划岗位。但看着一摞摞简历，她对自己能不能脱颖而出实在没有信心。她反复思考着，怎样才能在简历中突出一个广告人应有的素质——有创意？突然，她看见了校园里卖圣诞贺卡的小商店，不由灵光一闪：何不利用圣诞卡写简历？

夏燕马上买下一张精美的音乐卡，在首页用漂亮的钢笔字写下对招聘官的问候，翻开来，伴随着动听的音乐，呈现的是夏燕贴得工工整整的简历。夏燕亲自把这份"祝福简历"送到招聘人员的手里时，看见他脸上流露出明显的惊讶和欣喜。就这样，夏燕进入了第一轮面试。

在第一轮面试结束后，招聘人员又给她出了一道特别的题目，要求她再制作一份更有创意的简历。这次夏燕认真地分析了岗位的要求，是应聘者要有创意意识及 Photoshop 方面的技能。于是她用 Photoshop 做了一个淡蓝色的、有"求"字形图案的背景；简历内容以产品说明书的形式呈现，写着产品名称（自己的名字）、产品产地（毕业院校）、产品特性（所掌握的专业技能）等。后来，夏燕在第二轮面试中被现场成功录取。招聘人员告诉她，之所以录用她，是因为她有创新意识。

　　案例中的马文求职成功后，不少求职者纷纷模仿马文制作视频简历，但却给用人单位 HR 造成了很多困扰。首先视频简历需要花费很长的时间才能打开，其次马文制作的简历特别适合展示广告影视工作者的能力，不一定适合其他专业、工作岗位的人。马文说："每个人都是一道风景，不要在别人的风景里仰视。"简历创新要把握方向，不可偏离目标，更不要太离谱，有创意的简历首先应该是一份恰到好处，与所应聘的公司和职位相符合的简历，否则只会"东施效颦"，引起 HR 的反感。

第四节 精美简历——必要？必须要？

　　小陈所学专业是阿拉伯语，但大四前她并不为工作的事着急。大学前3年她都在一家贸易公司做兼职翻译，负责国际贸易的总经理曾对她许诺：毕业后直接来上班就行！大四大家求职到高峰时，小陈与他联系，可他却委婉地告诉她，因为和埃及那边的合作取消，公司已经不需要阿拉伯语专业的人了。

　　不知所措的小陈，只好赶紧制作个人简历，谋求其他的工作机会。宿舍的姐妹们都告诉她，简历一定要做得精美华丽些，哪怕数量少点也没关系，见到合适的公司一定要递上去，绝对不能错过任何机会。没有求职经验的小陈点头称是，拿出2000元钱做了10套装潢华丽的简历，纸张厚重而精美，仅一套就是厚厚一叠。

　　招聘会热火朝天，要人的单位多，求职者更多。小陈把简历一份份递上，可得到的回答不是专业不对口，就是需要有两年以上工作经历。

　　小陈终于看中一家大集团的海外贸易部，她递上了厚厚的个人简历，招聘人员一边快速翻着她的简历，一边皱着眉头说："你什么专业的，到底要应聘什么部门，有什么特长啊，这一套简历得几百块钱吧……"她用意味深长的目光看了一眼小陈，"等电话吧！"说完"啪"的一声把简历扔进一大摞简历堆里，高声叫到：

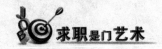

"下一个！"

一个礼拜过去了，小陈没接到任何面试的电话。而此时和小陈同专业的一个男生却成功应聘到她心仪的那家大集团海外贸易部。他告诉小陈，他的简历只做了两页，一页介绍自己的基本情况（包括各科成绩），一页重点介绍自己大学4年的社会活动情况，展示了自己的能力。他一说完小陈顿时傻眼。

"好酒不怕巷子深"的观念现在已经越来越被人们质疑，既是"好酒"就一定要充分展示出来，如今已渐渐成为市场营销中的销售理念。制作一份精美的简历，即使投递到一大堆模板千篇一律的简历里，也会脱颖而出，引起用人单位HR的注意，所以求职者别出心裁做一份精美的简历是有必要的。

但是一份动辄花费上百元，甚至上千元制作的简历，不仅成本太高，让普通求职者在经济上难以负担；而且用人单位HR阅读求职者的简历后，简历内容依然是HR决定是否通知求职者面试的重要因素，"华而不实"不仅不能获得HR的欣赏，甚至会引起HR的反感，所以一份精美的简历有必要，但不是必须要。

现代化企业都在讲能源节约，管理费用降低，办公成本下降，如果求职者所应聘的不是设计类、艺术类工作岗位，大可不必把简历做得像彩色连环画一般，甚至是另类风格。求职者应侧重关注简历风格、内容和求职岗位之间的联系。

徐良已有三年的传媒公司总经理助理工作经验，最近公司遭遇了一场大变故，徐良在公司倒闭之前提出离职了。谈及未来的职业方向，他表示要谋求一份文秘类的工作。文秘类岗位社会需求量大，他自信凭自己积累三年的工作经验，一定能很快找到一份满意的工作。

人影攒动的人才市场里，徐良向一家传媒公司投递了一份电脑排版打印、装帧精美的简历，求职意向是文秘岗位，但是没想到精美的简历没用上，公司 HR 居然要看他的字写得怎么样。HR 看过徐良填写的应聘材料后，婉言拒绝了他。徐良非常纳闷，难道仅仅因为自己写的字不好看就被淘汰了吗？可是自己花费几百元制作的精美简历也没能打动对方吗？

HR 告诉他，虽然他的各方面条件都很合适，但是书写工整是对从事文秘工作人员最起码的要求，徐良的书写差强人意，还有待练习。而关于徐良制作的精美的简历，HR 坦言，对于文秘这个工作岗位而言，完全不需要。

一份个人简历的版面设计非常重要，也能体现出求职者的基本职业素养。"花里胡哨"毫无意义（当然，求职设计类、艺术类岗位简历除外），排版要端庄美观，疏密得当，字体大小适中，标识明显，段落不要过长，既不要为了节约纸张，密集而局促，令 HR 阅读起来感到吃力；也不要出现某一页纸上只有寥寥几行字，留下大片的空白。通常建议使用电脑打印的文稿，如果求职者的字写得不错，不妨再附上一篇工整漂亮、简短的手书求职信，效果会更好。

虽然一份精美的简历有必要而不是必须要，但并不代表脏、乱、差也可以。有的求职者并不爱惜自己的简历，随意折叠在一起，投递时将一份皱巴巴的简历递到用人单位 HR 的面前，有的简历甚至沾有手印、饭渣、污迹等，HR 对求职者的第一印象可想而知，甚至会随意将简历压在一沓求职者的简历底下，或是拒绝接收简历。一份简历投递到 HR 面前时，应保证简历是干净、整齐、整洁的。

第五节 好简历拒绝"大杂烩"

最近，吴寂之的心理非常困惑，因为已经有五年销售经验的他，准备求职一份销售经理的工作，为此他用心制作了一份自认为已很完善的简历，在网上、人才市场上大量投递到招聘销售经理的用人单位。可是一个星期过去了，他竟然没接到一个通知面试的电话，这让他焦虑、困惑不已，于是他把自己的简历晒到了网上，希望网友们能帮他点评分析。

以下是吴寂之简历中的一部分内容，关于工作经历中的工作描述及业绩：

1. 参与制定公司营销战略，根据营销战略制定公司营销组合策略和营销计划；工厂供应链的管理，仓库事务的管理；

2. 依据公司整体销售目标，提交销售计划方案，监督实施销售全过程，完成销售任务；

3. 引导和控制销售方向和进度，实现公司的销售目标和利润目标；

4. 负责公司极大客户的专案销售的组织工作；

5. 负责与公司大客户进行沟通和商务谈判；

6. 负责公司重大营销合同的谈判与签订；

7. 规划公司针对重点客户销售系统的整体运营、业务方向，领导团队建设；

　　8. 定期对市场营销环境、目标、计划、业务活动进行核查分析；

　　9. 仓库事务的日常管理；

　　10. 完成销售额 530 万人民币，并取得 3100 万的销售预期；

　　11. 有效降低物流仓储环节的费用。

　　这份个人简历有什么问题呢？仔细查看和分析，就会发现这是一份抓不着重点，让人不知所云的个人简历，也许收到这份简历的用人单位 HR 阅读后，会直摇头：

　　一、罗列的工作经历重复、罗嗦、空泛，"满汉全席"，洋洋洒洒，其实大部分内容都可以浓缩成一条；

　　二、求职者一手揽了公司仓库、市场、企划、客服等方面的工作，但是具体对岗位的描述却有些浮夸和越位，事实上一家公司不会让一位销售人员兼做这么多、这么重要的事情，容易让人产生怀疑；

　　三、从简历上看，求职者是一位"自以为什么都会"的人，可是对用人单位 HR 最为关注的业绩的描述却轻描淡写，仅仅用"完成销售额 530 万人民币，并取得 3100 万的销售预期"一句语焉不详的语句一言带过。

　　大多数求职者的个人简历都有主次不分明的问题，涉及多种工作岗位。一份简历就是"一碗大杂烩"，将自己的工作经历和职责描述一股脑展示在简历上，内容贪多求全，恨不得把所有的工作经历、能力和"卖点"都写上，以求完美，以表明自己是一个全能人才。结果，东一榔头西一棒槌，反倒让人搞不清楚求职者究竟想表达什么。

　　个人简历是一张让求职者跨进用人单位大门的名片，而不是一篇工作回忆，所以需要重点阐述罗列与求职目标有关的工作经历和职责描述、获得的成功，而其他的则可以简单带过，甚至不写。

　　个人简历应该浓缩求职者工作经历中的精华部分，要写得言简意赅，主次分明，有重有轻，切忌拖泥带水，繁复罗嗦，否则只会让人觉得求

职者思维混乱、主次不分、目标不明。同时，"主"与"次"内容的布局和结构要合理，衔接得当，就能给人思路清晰、章法严谨、引人注目的感觉。

雷磊大学毕业后留在成都工作了两年，做过销售、内勤、产品分析等等工作。两年后他回到了厦门，准备在厦门找一份工作。一开始，他觉得自己像一只无头的苍蝇到处乱窜，不知道自己做什么，只要看见与自己工作经历相关的招聘岗位他就会投递简历，可是没想到几天过去了，他却连一个面试的机会都没有。他仔仔细细审视了自己的简历，越看越觉得似乎有问题，但自己又看不出到底有什么问题。于是他把自己的简历发给一位从事 HR 的朋友看，朋友看过后，一针见血道出：他的简历面面俱到，杂乱无章，没有主次，完全不知道他到底擅长什么，有哪些突出的能力。

雷磊接受了朋友的意见，决定给自己的简历做一次"精剪"，他修改了自己的简历，并针对不同的招聘岗位制作了不同的简历，比如应聘一家企业的销售经理助理，他在简历里着重展示了自己的内勤和销售工作经历，以及工作时做出的成绩。其他的工作经历和能力都用精简的语句带过，主次分明，一目了然。两天后，他就接到了三家用人单位的面试电话。

"买椟还珠"的寓言故事告诉我们，卖珠的商人为了显示珍珠更有价值，在包装珍珠的"椟"上面花费了一番功夫，结果却是喧宾夺主，主次不分，反而淹没了珍珠的价值。一个聪明的求职者绝不能像卖珠的商人，在简历里遗漏了展示自己真正的价值，或是将自己的价值淹没在一大堆无关紧要的描述里。求职者的个人简历里应该有主次之分。删除那些无足轻重的细节，将内容重复的细节合并，使细节更简洁，内容更有效。通常，只有那些条理清晰、重点突出的简历才能使用人单位 HR 在 15 秒时间内找到他们感兴趣的内容。

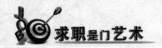
第六节 简约而不简单

何渝跃打印了厚厚的一摞简历，抱到人才市场里，但凡他看着顺眼的用人单位他都双手奉上一份简历，但是收到的结果却让他大吃一惊：三天过去了，他竟然没有接到一个通知他参加面试的电话。

这太让人匪夷所思的了。莫非他留下了错误的联系方式？何渝跃拿着自己的简历反反复复查看，电话号码、电子邮件是正确的呀！内容也没问题，他把自己的工作经历、积累的工作经验，该重的重，该轻的轻，都写上去了，没道理连一家用人单位都对不上眼呀？最起码一个面试机会应该给的吧？

带着这些疑惑，何渝跃把自己的简历给一位刚刚求职成功的朋友看，希望他能为自己指点迷津。朋友一看头都大了：

"你的简历怎么这么多字？怕有好几千字吧？排得密密麻麻的，哪个 HR 有耐心看完呀？出生地址：我出生于一个风景秀丽的边陲小镇，那里有……你以为你是写散文呀？工作经验主次分明倒是有的，可是你的'主'也写得太多，太详细了吧！总之你这份简历写得太罗嗦了，我敢断定，那些公司的 HR 没一个认真把你的简历看完的，所以没有让你参加面试是理所当然的！"

何渝跃不解，"我把自己介绍得越详细，就能让 HR 越了解我，对我产生好感，这不对吗？"

所谓个人简历，是求职者给用人单位发的一份个人简要介绍。姓名、性别、年龄……等必填内容能让用人单位初步了解到求职者的个人基本情况；学习经历、工作经历展现了求职者的学历、专业技能能力；荣誉与成就、自我评价等表达出求职者的综合素质；求职愿望等能让用人单位快速判断求职者的职业规划……

在一份简历中，求职者要介绍自己、展示自己的内容有很多，所以一些求职者往往在个人简历中"长篇大论"，希望用人单位能够全方位了解自己、考虑自己。一部分求职者也明白简历应该"有重有轻，主次分明"，但是正因为对"重"与"主"的重视，他们往往会在"重"与"主"部分浓墨重彩，事无巨细，洋洋洒洒就是一大篇，冗长、啰嗦，但其实要表达的也就一个意思。

中国改革总设计师邓小平说："话不在多，管用就行。"案例中，何渝跃力求让自己的简历做到"完"美，用丰富的语言润色简历内容，以为能让用人单位 HR 充分了解自己，但是长达几千字的"长篇大论"，用人单位能否有耐心看完他的简历，都是一个大大的问号。

一般来说，一位 HR 的招聘邮箱，每天都会有几百、甚至上千封应聘不同岗位的个人简历，平均浏览每封简历只有 15 秒钟的时间，如果求职者的个人简历"长篇大论"，排版过于紧凑，会让 HR 阅读起来很费力，甚至会选择放弃阅读求职者的简历。而且，"长篇大论"的个人简历，也反映出了这位求职者在工作中重复、啰嗦、拖泥带水，无逻辑性。

原本想让用人单位更全面更详细了解自己，结果却弄巧成拙，通常这是每一位在简历中"长篇大论"的求职者没有收到面试通知最重要的原因之一。

从上一家用人单位辞职后，郭婧成为了求职大军中的一员，但是郭婧并不担心自己找不着工作，因为她有五年的工作经验。五年都是在一家公司的一个岗位工作，反映了她的耐心、责任心；

工作岗位是总经理助理，现在她要应聘的工作也是总经理助理。所以她相信自己很快就会从求职大军中脱颖而出，找到一份满意的工作。

找工作就要做个人简历，因为前一份工作是亲戚帮她安排的，所以她虽然有五年丰富的工作经验，却和刚毕业的应届大学生一样，缺乏求职经验。花了整整一天，她终于做好了一份个人简历。第二天复印了十多份后，就拿到人才市场上去发。可是快到中午了，她却没有收到一家用人单位要她参加面试的通知。这让原本自信满满的郭婧大受打击。

郭婧坐在一条凳子上发呆，垂头丧气的她让身旁一家招聘单位的 HR 动了恻隐之心，他主动要求看她的简历，但看完简历后他皱起了眉头。他说他们公司并没有适合她的职位。但是他却对她的简历提出了要求。他认为郭婧的简历太冗长，太啰嗦了，乍看一眼，在工作忙碌的时候根本没有欲望要看下去。在他的指点下，郭婧划掉了那些华而不实、重复啰嗦的句子，给简历做了一次"瘦身手术"。

第二天她带着这份自我感觉简洁有力、一目了然的简历再次到人才市场上派发，没想到不到一个小时的时间，就有三家公司当场提出请她到公司参加面试。

两位求职者有同样的人力资源工作经历，应聘人事主管岗位，一位求职者在简历中简洁地写道"用了 1 个月招聘到了 30 个新员工，开拓新渠道为公司节省费用 5 万 / 年"；而另一位求职者却洋洋洒洒写道"在 1 个月内，我第一天招聘到了 2 个新员工，这两位员工后来表现还不错，第二天……那一年我们人事部门的整体费用节省了不少，原计划费用是 15 万，但是在我们部门齐心协力的努力下，我采取了以下几个方式节省费用……"啰嗦没完没了，最终谁会获得面试的机会可想而知。

比利时互斯顿招聘办公室的专家维尔斯先生认为，一份"推销"自己的简历一两页纸就够了，冗长的简历往往会被招聘人员随手搁置一旁。创新工场 HR 表示曾经收到过长达十五页的一份个人简历，他"实在没有勇气读完"，他建议普通简历篇幅应不超过两页。内容翔实但不啰嗦，简洁有力，字字都是精华、重点的一份简历，才能让用人单位 HR 逐字逐句地阅读，并且欲罢不能。

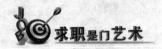

第七节 好简历用数据说话

徐广闻干销售这一行已经五年了。这几年来，他的销售业绩可以说是蒸蒸日上，受到公司老总的赏识，提拔他做了公司销售总监。最近他在网上看见一家公司招聘业务部经理的信息，月薪翻了一番，而且这家公司准备在西南、华北等大区开设分公司，发展前景一片宽广。没有多加考虑，徐广闻马上拨通了招聘信息上的电话号码。

接电话的 HR 要求徐广闻把个人简历发到对方电子邮箱。徐广闻心想：做一份简历还不容易么！以他多年的工作经历、丰富的销售经验，更重要的是这家公司和自己正工作的公司是同行，指不定这家公司的 HR 收到他的简历后就会立马拍板：就是他了！

徐广闻匆匆制作了一份简历就发到了对方的电子邮箱，接下来的几天他都在仔细琢磨如何提出离职、到了新公司后该如何开展工作……三天过去了，他没有接到对方的电话，就连通知他参加面试的消息都没有。

徐广闻有些着急了，他主动打电话给这家公司的 HR，却被告知面试已经开始了。徐广闻不敢置信，忙问对方是不是没有收到他的简历，对方告诉他，已经收到了他的简历。HR 说，其实他对徐广闻还是挺有印象的，因为他的各方面条件都不错。可是在简历中，他全篇用的都是"我负责公司……"这样平庸的语句来陈述自己的工作职责，根本看不出他到底做出了哪些业绩。HR 心想：看来这位求职者只是在"做"这份工作，却没有做出什么成果、业绩。所以再三权衡后，HR 放弃了他。

一位外企人事经理表示："我每天用半小时浏览 50 份或更多的简历，如果前 10 秒钟未能发现任何成果表述，那么这份简历就成为历史了。"在创建简历的过程中，许多求职者认为用人单位比较注重的是工作经历和工作经验，所以会在"工作经历"环节依次列举自己的工作经历；陈述自己在各工作岗位时的工作职责。而在这个环节，大多数求职者总是大篇幅表现自己"做"了什么，却忽视了要表达自己"做出"了什么。

"我负责领导工程小组"、"我为公司做出了卓越的贡献"、"我为公司做出了一份可行的活动方案"、"经过我及部门同事们的努力，公司业绩得到了显著的提高"……这是常常会出现在一些求职者简历中的语句，乍看起来为简历润色不少，但这些高调的形容词所描述的均非客观事实，它们只是求职者的观点，多少会被打些折扣。对于一些具备专业素质的 HR 来说，这些高调得有些夸张形容词很难逃脱他们的"火眼金晴"，他们往往会质疑求职者的工作能力，认为求职者在欲盖弥彰。而只要列举出一组相应的数据，就可以为求职者的工作能力提供难以质疑的具体证据。

"管理公司 35 名工程技术人员"、"实行新的人事政策，使缺勤率和人员调整率分别降低了 27% 和 24%"、"为公司策划了一份元旦节促销活动方案，公司元旦节销售业绩较去年增加了 60%"、"带领公司销售团队在一年内实现销售业绩 3500 万元，产品销量在西南大区排名第一"……毋庸置疑，这些详细数据会令 HR 对求职者的工作成果有更加深刻的印象。

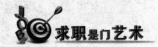

终归到底，用人单位关心的是求职者进入公司后，能否发挥其价值、为公司带来效益。拥有一定的工作成功经验是求职者的"王牌"，但是强调成功经验，必须列出具体数据，仅有漂亮的外表是不会吸引人的。

一家电影杂志社招聘一名采编，第一天人事经理就收到了一份个人简历，简历中的工作经历是这么描述的：

在大学时任校刊主编，负责领导校刊文编和美编团队，每一期的校刊都获得了老师和同学们的一致好评；

在××广告公司任广告文案，负责客户广告内容的文案编写；协助部门领导进行项目策划等相关工作，屡次得到客户的欣赏、领导的表扬；

在××杂志社任采编，负责杂志娱乐版内容的采访与编辑，杂志正式上市后，引起了读者的强烈反响……

人事经理还没有看完这份简历，就随手放在了一沓不予通过的简历堆里。在她看来，这份糟糕的简历不仅没有通过任何有效的数据，证明求职者在岗位上做出了工作成绩，而且看得出简历的主人极不用心。

一周后，人事经理又收到了一封简历：

在大学时任校刊主编，负责领导校刊文编和美编团队，校刊曾连续十期获得校内"我最喜爱的校园文化"一等奖；

在××广告公司任广告文案一职，负责客户广告内容的文案编写；协助部门领导进行项目策划等相关工作。曾完成并执行了××企业……（都是国内知名企业）电视媒体宣传策划方案及广告文案编写；

在××杂志社任采编，负责杂志娱乐版内容的采访与编辑，曾策划了××（一位台湾知名艺人）特别报道，杂志销量较前一期增长了80%……

仔细看完了简历，人事经理毫不犹豫给简历的主人打了电话，通知她参加面试。放下电话后，人事经理若有所思，她翻出了一周前收到的那份糟糕的简历，一看个人信息：两份简历的主人竟然是同一个人……

　　简历中的工作经验必须突出业绩。市场上有经验的求职者很多，有成功经验、优秀业绩的求职者却甚少，而业绩恰恰是用人单位 HR 筛选的标准。求职者在经验描述中，不仅仅要写出"做了什么"，更要突出"取得了怎样的业绩"。无论是研发、销售还是管理、行政等岗位，都有考核指标，量化业绩，让 HR 明明白白看到自己的能力。

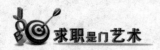

第八节 简历中没有"小错误"

苏薇薇简直不敢相信，自己已经在网上投递了一个月的简历，竟然没有一家用人单位打电话来通知她参加面试，甚至连一个"骚扰"电话都没有（网上BBS里不少求职者发帖，声称总是接到一些保险公司、直销公司打来的通知面试的电话）。这也太打击人了吧！苏薇薇烦躁地想，自己有这么差劲儿么！

自己有四年工作经验，收银员、内勤、文员都做过，现在也不过想找一份类似的工作，怎么就这么难呢？在一日渐一日无谓的等待中，苏薇薇越来越焦急，晚上睡不着觉，睡着以后也会突然惊醒……"可怜天下父母心"，苏妈妈非常担心苏薇薇，悄悄在网上搜索到了苏薇薇曾经投递了简历的一家用人单位，给招聘人员打去了电话，询问女儿到底哪方面的条件不符合对方的要求。

没想到，在电话里，对方比她更困惑："我还觉得奇怪呢！你女儿简历里写的电话号码，我拨打了两次，通知你女儿面试，可每次都是一个男子接的电话，第一次说我打错了，第二次就骂我神经病！我还一肚子气，你女儿到底什么意思呀？！"

苏妈妈把招聘人员的话告诉了苏薇薇，苏薇薇一愣，迅速打开了自己的个人简历，一看电话号码，傻了眼：自己把倒数第二位的数字8写成了6！

一位多年从事人力资源工作的 HR 遗憾表示："一些简历中的电话停机或者关机状态。这个问题一说出来，可能大家会觉得很可笑，怎么可能是一个重要问题。我也很惊讶，就我们统计的结果来看，筛选出的简历，大约有 20% 是由于电话停关机的问题没办法通知到的。"案例中，苏薇薇的简历仅是一字之差，就与许多工作机会擦肩而过。

简历中没有"小错误"，因为一些求职者忽视的、甚至不以为然的小错误，往往会引发大毛病。

求职者周先生说："现在用人单位都比较关注求职者是否拥有与招聘岗位相对应的工作经验，所以我在做简历时，会将全部的心思投入到'工作经历'这一部分。至于其他的，比如个人信息，我往往会扫视几眼就不再关心了，因为我觉得它们不会成为我应聘成功的重要条件。"其实，在求职过程中，大部分的求职者和周先生抱有同样的心态，而那些专业技术能力突出、综合素质高的求职者也不能避免犯下类似的"小错误"。没有留下有效的联系方式，即使简历中的其他内容完美无瑕、让 HR 有多么动心，HR 也无法联系上你，小错误引发大毛病，"一失足成千古恨"。

罗小姐向一家用人单位投递了个人简历，应聘平面设计师岗位。简历投出后一个星期，简历依然石沉大海，没有收到任何的回信。罗小姐主动打电话到用人单位询问，HR 告诉她，她在简历中所描述的各方面条件都不错，在篇末更是写了一段规范而恳切的感谢语，希望公司能给她一次面试机会。本来这已经深深打动了 HR 的心，可是接下去一看，原来称呼中的"贵公司"名字根本不是自己公司。毫无悬念，这份简历很快变成了一张废纸。

马女士应聘一家外企会计岗位，简历投出后，久久没有接到这家公司的面试通知。长年从事会计工作的马女士比较细心，她再次审视自己的个人简历，检查自己的联系方式是否有效。却意外发现在"自我评价"一栏中第一句话是这样写的："虽然我是一个刚走出校门的学生……"马女

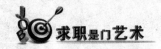

士惊出了一身冷汗。原来投递简历时，她将十年前的求职简历找出来做了相应修改，没想到一时粗心，这句话成了"漏网之鱼"。看到这样一封漏洞百出的简历，用人单位 HR 又怎能相信马女士是真心诚意求职这份工作呢？

大学毕业后，小夏和同班同学们踏上了找工作的路途。三个月后，班长组织全班同学回校举办了一场求职交流会，让那些幸运找到了满意工作的同学，和求职屡屡碰壁的同学们碰碰头，交流和分享成功经验。在求职交流会上，刚刚拿到了一家外企 offer 的小夏向同学们讲述了发生在他身上，一个啼笑皆非的简历故事。

原来三个月前，在老师的指导下，小夏做了一份文采非凡、言辞恳切的求职简历，对于一个刚走出象牙塔的求职者来说，小夏的简历已经颇有些含金量，就连老师也相信，凭着这份简历，用人单位还是会给一个面试机会的。

可是在投递简历几天后，小夏的室友惊奇地给他打来了电话，原来当时填联系方式时，小夏正和室友讨论电话号码，一不小心就误填了室友的号码。而且现在室友已经去了另一个城市找工作。虽然室友在接到通知小夏面试的电话时，他都会向用人单位解释，并转告对方小夏的电话号码。但后续却没有一家用人单位再给小夏打电话。小夏急坏了，最近一次一家用人单位又给他的室友打了电话，室友灵机一动，以小夏的身份答应对方自己会准时到公司参加面试。而面试时却是小夏去的。经过一番努力后，小夏成功拿到了这家公司的 offer。

为了省事，一些求职者喜欢使用附件简历，直接发送到用人单位公布的邮箱。但是一位 HR 往往一天会阅读几百份、甚至上千份简历，如果附件长时间不能打开，HR 有可能就会放弃阅读你的简历。而且现在电脑病毒越来越多，各个用人单位防备特别严格，附件发送过来的简历，十有五、六都是乱码。

如果简历中时不时出现主人只要稍加用心就能发现的"小错误"，就很难让 HR 相信，发出这份简历是求职者通过认真考虑，非常慎重的，而不是求职者一场不负责任、随手的游戏。

许多求职者都有这样的疑问：为什么投递了那么多简历，都没有回音？没有回音的原因可能有很多，但如果现在的你也正在苦苦等待回音，不妨打开自己的简历仔细看看，是否有以上讲述的那些问题？

第四章

求职礼仪艺术——有才更要有礼

中国是文明古国，传承了"礼仪之邦"的美称。几千年光辉灿烂的文化，培养了中华民族高尚的道德，也形成了一整套完善的礼仪。一个人应该以良好的个人形象、高雅的仪表风度、完善的语言艺术展示自己的气质修养。赢得别人的尊重，将是自己生活和事业成功的基础。

求职过程是求职者全面展现自身综合素质的过程。求职礼仪是综合素质中非常重要的一个方面，对求职能否成功起着至关重要的作用，因为它决定了用人单位对你的第一印象。

面试过程中，我们强调的"礼仪"，往往并不只是简单的文明礼貌。面试是一场激烈而短暂的竞争，每一分钟，求职者都应该向面试官传递与应聘工作有关的有效信息。而求职者的"礼仪"就是面试中一种无声的求职语言，虽然无声，却会被面试官看在眼里，记在心里。

从交际的角度来看，礼仪是人际交往中适用的一种艺术。在面试这场特殊的人际交往场合中，掌握了求职礼仪艺术的求职者，不仅能展现自己个人形象良好的一面给面试官，而且也能掌握一些求职礼仪技巧，成功向面试官传递与应聘该岗位相匹配的一些积极信息。

所以，求职的你必须要掌握求职礼仪的艺术——有才更要有礼。

第一节 一身穿戴不必名牌

新加坡一位做了整容手术的编辑说：我们生活在一个残酷的社会，一切都取决于第一印象。罗雪说，大四找工作的时候，班上的女生就恨不得整容，男生好像一夜之间也在开始习惯着穿西装。

罗雪是特别相信形象加分这样的概念的人，看到几乎所有同学都要给自己添置几套像样的行头，以备面试之用，她也坐不住了。大家都说，从头到脚置办完全，在花 1000 元之前觉得肯定多了，但是花完才知是少了。

但是罗雪的家庭经济条件并不好，她实在不忍心再加重父母的负担，可翻翻衣橱，的确拿不出一件正经的职业装。正犯愁着，同寝室的女生给她出了个主意，据说不少外贸小店都有号称有名牌的A货，绝对能以假乱真。

罗雪立马找了家外贸小店，从上到下给自己置办了一身，只花了相当于正品几分之一的钞票。第二天，她就穿着一身"名牌"去参加某知名公司的面试。

面试过程中，罗雪在心里想：谢天谢地呀，看得出几位考官对我的形象评分不错，对我的应答也颇为满意，一切都进行得非常顺利。

最后一个问题了。一位一直沉默的女考官发问。"你的着装很有品位，不过，你所穿着的品牌似乎不是你这个年龄学生的经济能力所能承受的。你不觉得你的追求太超前了吗？"

　　当时罗雪就蒙了。这可怎么解释呢？难不成跟考官说这都是假名牌？一个心虚，脑子一片糨糊。支支吾吾半天，越解释越不明所以。考官终于不耐烦地打断了她，让她回去等通知。

　　没想到最后竟然砸在这套给自己壮胆的衣服上面，真正是弄巧成拙。走出面试房间的那一刻，罗雪差点哭了出来。

　　俗话说，"佛靠金装，人靠衣装"，有研究显示用人单位 HR 对求职者的第一感觉只有 8% 是看能力表现，另外 37% 是看身体语言所表达的信息，而高达 55% 是根据求职者的外表和着装，由此可见形象的重要性。服装作为形象塑造中的第一外表，成为求职者关注的焦点，甚至认为好的形象就是自己的未来，直接影响着自己是否能赢得这份工作。

　　虽然"人靠衣装马靠鞍"，但面试并不是一场时装秀。除了大众传播、广告等设计类或艺术类工作，求职者在面试时穿着有品味，有创意，天马行空般泉涌灵感的行业服装可以增加亮点，而一般的招聘岗位都尽量以简单稳重的造型为主。试想如果求职者身上的名牌服装比老板身上的还耀眼夺目，结果可想而知。

　　小吴为了成功应聘为一名审计人员，手头并不宽裕的他，向亲戚、朋友借了一些钱，咬牙买了一套名牌西装，这身"行头"让他自我感觉增色不少。面试时，当用人单位 HR 仔细打量了他的"行头"，突然眉头开始皱了起来，他问了小吴一个特别的问题：他这身"行头"的来源？在 HR 犀利的注视目光下，小吴不得不道出了实情，听了小吴的叙述，HR 婉转地告诉他，从他"举债"求职的动机来看，说明他在求职中存在着浮躁的心态，所以很遗憾，他被淘汰了。

　　一般来说，用人单位 HR 都比较喜欢求职者展示自己良好的形象，但是对于着装要求，绝大多数用人单位的 HR 都只要求着装干净、整洁就行，

给人赏心悦目的第一印象，而并不是身着一身名牌就能为求职成功"增光添彩"。尤其是刚毕业的应届生，为求职而无谓地为父母增加经济负担，通常所有的用人单位 HR 都难以认同。

曾蓝蓝工作了三年的公司突然宣布解体，意味着她又要加入投简历找工作的庞大队伍中了。在投递了十多份简历后，很快有两家公司约她去面试。

第一家公司，曾蓝蓝随便挑了一身衣服前去应聘。迎面的是宽大气派的公司大厅，职员们个个精神抖擞，男士笔挺的西服，女士一身优雅的套装。他们的举止神态差不多一样：庄重严肃、脚步匆匆，有的手持文件仔细推敲，有的面对电脑眉头紧锁，似乎每个人都正处于水深火热的商战当中……

而此时，透过那扇豪华剔透的大玻璃门，曾蓝蓝也看到了自己——那显然是刚从寒风中挣脱出来的飞散的头发、那傻乎乎东张西望的局促表情……这显得与周围的气氛是那么的不和谐。曾蓝蓝知道"第一印象"的重要，于是她走回到电梯旁，使劲地按下了向下的按钮。

在去第二家公司面试之前，曾蓝蓝痛定思痛，除了耗费"巨资"买下一身名贵套装外，还专门购置了一个精致的坤包和一双时髦的尖头皮鞋。尽管这些钱掷地无声令她心疼，但她还是认为值得。

没想到这家公司的办公区气氛与上一家截然不同，让人感觉非常温馨。在会议室等待 HR 的时候，曾蓝蓝在盘算着这样紧绷、高贵的装束下，她该把腿放在哪儿最好。

在一阵清脆的笑声中，门被推开了，进来了一男一女，女的就是人力资源部职员，男的则是她所应聘部门的经理。那位小姐梳着高高盘起的头发，披肩、大耳环、波希米亚风格的上衣和裙子、细跟皮靴……浪漫得犹如刚从时尚杂志上走下来，相比起来，她太过正规、高贵了，倒更像个严肃的面试官，提了一些常规问题后，他们客气地送她出来，从他们没有丝毫热情的眼神中，她已经猜到了这场面试的结果。

　　求职着装不一定要追求名牌，但一定要得体大方、整洁美观。聪明的求职者往往会对用人单位文化理念、员工着装风格提前作一番了解，在参加面试时就不会出现"穿错了衣服"的尴尬。有效的面试着装，不仅能让面试官赏心悦目，而且能向面试官传递积极信息，表明自己会很快（或已经）融入对方的企业文化，营造亲切氛围，拉近与面试官之间的距离。

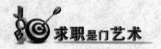

第二节 膝头的补丁说出的敬业

　　单位要招聘一名电脑操作员。在人才交流中心，很多职专毕业的女孩子都来应聘。招聘人员罗先生对女孩子们说："不要挤，不要着急，大家都有机会——从这边开始，请按顺序把你们的自荐书交上来。"女孩子们依次交上自己的自荐书，罗先生一份份接过来，并不急着翻看里面的内容，却稍稍闪身，在每份自荐书上都用铅笔做了一个标记。自荐书收完以后，罗先生说："好，现在我开始念名字，被念到的人明天到我们单位参加面试。"罗先生的助理小蒋注意到，他念的名字都是做了圆圈标记的，而三角标记的都被他舍弃了。

　　等女孩子们或欣喜或沮丧地离去，小蒋迫不及待地问罗先生："您都没看里面的内容，是以什么标准选人的呀？"

　　罗先生微微一笑，说："我给你讲个故事吧。有个外国老妇人要招一个园丁，她不听应聘者夸耀自己的技术如何高、干活如何卖力，却让他们把平常劳动时穿的工装裤拿来给她看。在几条工装裤面前，她很快就选出了自己最满意的人选。你知道她是如何挑选的吗？她舍弃了那个在裤子的屁股上打了补丁的人，因为这样的人太懒惰，平常总是坐着。她录用的是在裤子的膝盖处打了补丁的人，因为这样的人勤快，每天都或蹲或跪地干活，自然就磨损了膝盖部位。刚才我收女孩子们的自荐书，其实是借机观察她们的手。那些指甲长长尖尖、涂得五颜六色的女孩子，一看就不是干活的料。你想，她如果整天敲键盘，哪能留这么长的指甲呢？这样的女孩子根本做不了好的电脑操作员。"

小蒋恍然大悟。

在当今激烈的社会竞争中，一个人的形象远比人们想象的更重要。一个人内在的专业能力、勤劳吃苦的品质不可能第一时间就能展示给 HR，而职业形象的影响则可谓立竿见影。谈到面试着装，大多数求职者就会想到黑西服、白衬衫、黑窄裙，但是现在大多数用人单位并不要求求职者穿得太正式，只要根据所要应聘的工作类型选择服装，就会给用人单位 HR 留下良好的印象。

求职着装在用人单位 HR 眼中是求职者是否能融入公司文化的第一印象。应聘银行、国企部门、公务员等岗位，穿着应偏向传统正规；应聘办公室人员、文秘类工作，工作性质不是太过严肃，因此不用选择颜色太暗、风格太传统的服装；应聘销售等户外从事的工作，应穿一些看起来干练利落，能表现出自己活泼、健谈的服装；应聘公关、时尚杂志等，可以适当地在服装上加些流行元素，显示出自己对时尚信息的捕捉能力；应聘艺术类、设计类工作，发挥的空间就更大了，但注意要把握好尺度。

目前，大多数公司没有明文规定着装标准，所以求职者要注意不同行业的服装标准。从一件普通而破旧的工装裤上就能看出第三位园丁对本职工作的理解和敬业。打字员的主要工作就是每天用指尖敲击键盘打字，但是求职者们的手指甲却是又长又尖，涂得五颜六色，显然对打字员工作内容并没有充分的理解，所以会在第一轮"面试"中淘汰。

求职着装应该"入乡随俗"，看行业和企业文化穿衣打扮。着装能反映出求职者对所应聘职位的理解程度，所以选择一套合适的求职服装，比一套名牌、时尚的服装更能让用人单位 HR 一见"倾心"。

凤凰卫视著名主持人曾子墨在自传《墨迹》中，描述了自己应聘美林时的情形。在《"借"一身套装去面试》的一节中写道："做学生时，我从来都是T恤牛仔，外加一个大大的Jansports双肩背书包。为了让自己脱胎换骨，向职业女性看齐，到了纽约，一下飞机，我便直奔百货商店Bloomingdale。"

"试衣镜里的自己果然焕然一新，看上去职业而干练。"

"第二天，穿着那套似乎专门为我定制、却又并不属于我的深蓝色套装，我镇定自若、胸有成竹地走进了美林的会议室。"

"握手告别时，在他们的脸上，我找到了自己要的答案：这个女孩，天生就属于投资银行。"

"后来，我知道了投资银行的确有些以貌取人，得体的服饰着装可以在面试中加分不少。"

这是曾子墨的一段有趣的面试经历，从中我们不难发现得体的着装对于面试者的重要性。

一家合资企业的人事总监说道："我认为你不可能仅仅由于戴了一条领带而取得一个职位，但是我可以肯定你戴错了领带就会使你失去一个职位。"也许，合理的着装不一定能为求职者加分，但糟糕的着装绝对会为求职者减分。所以，在了解应聘公司情况的同时，也要根据应聘单位的要求与特点仔细检查着装的每一处细节。

求职者应尽量穿着简单、大方得体，这是比较安全的选择。服装要着装的色彩、款式要和自己的年龄、气质、体态，以及所应聘的职业岗位相协调一致。年轻人不要为了显得自己很成熟，就一味地打扮过分老成，那样会给人小孩子穿大人衣服的感觉，哭笑不得。即使应聘偏向传统的用人单位和岗位，也应该尽量摆脱那些过分老气横秋、死板的装束，适当地展现年轻人身心健康、活力充沛的一面。

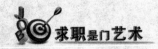

第三节 《红楼梦》的着装艺术

　　在中国古代四大名著之一——《红楼梦》里，每一个主人公的衣着都反映了主人公本人的性格。

　　王熙凤的褂服从描述形式上（"石青"、"五彩"）应当也是清初朝褂之形制（因贾琏捐了个"同知"为正五品，王熙凤为五品夫人），通过她的服饰的高贵和华丽，体现了她在贾府的高高在上的地位，其作为家庭总管这一重要特殊的角色。王熙凤在正式礼仪场合是浓妆艳服，总是搭配着她的伶牙俐齿、机敏圆滑，这也鲜明地烘托出了奢侈、华贵的生活以及大族之家的优越地位。

　　林黛玉的服饰描写在书中甚少，仅仅只有三处，一般着装都十分的素净，梳妆也是非常随意，很少有华丽装饰，这一种清雅素淡的美与潇湘馆的竹子、与"质本洁来还洁去，不教污淖陷渠沟"共同体现了黛玉的人格和柔美、病态的形象。

　　薛宝钗是"一色半新不旧"的衣裙和"上袄下裙，外罩比肩褂"，朴素、不尚奢华，与其屋内"如雪洞一般"的陈设相互映衬，充分表现了她冷美人的性情，朴素简淡而安分随时。以不多的笔墨从体态到装扮上描述了薛宝钗的品貌端庄是为了体现她内心深处的冷静、理智和温文尔雅的个性特征。

　　贾宝玉的礼服整体与清史料记载的基本相符，而其褂上图案却明显有女装化的倾向，服饰极为考究奢华。通过作者描写的略带女性化的穿着，昭示了宝玉这一在女儿国中较少受到贾家男性贵族不良习气影响，而多受女儿们熏陶，保持了纯真自由天性的性格特征。

中科院心理研究所研究员王极盛说：影响和反映一个人性格和心理的因素有很多，服装确实能反映一个人的某些心理特质，这可以作为我们认识一个人的参考，但不能武断地一概而论。因为人们选择服装会有很多偶然性，比如有时候，人们会因为时间、场合不一样，选择不同的服装。而面试场合对于求职者来说，是人生中比较特殊、重要的场合，求职者的每一个细节表现都能为成功应聘加分或减分，"一发而动千钧"，所以求职者的面试服装应慎重选择，认真对待。

方正数码人力资源总监王岱红表示，一个职业化的人力资源工作者，不应该以自己的主观判断来漏掉任何一个可能的人才，不过还是建议应聘者尽量注意自己的仪表，服装得体、整洁是最起码的要求。三星 SDS 人力资源总监刘航说，穿着也是判断一个人的方法，他认为穿着整洁也是纪律，是对工作的一种态度。他们可能不会太在乎服装的样式，但必定在乎它是否干净，一个人的衣服是脏的、皱巴巴的，这个人做事可能也是拖泥带水。

宝洁（中国）有限公司一负责人：在面试时，不一定要穿得很好，但一定要得体、大方。一般情况下，穿深颜色的衣服比较合适，会让 HR 感觉到求职者的真诚，工作踏实；和其他求职者着装比较相近的情况下，可以用一点小的装饰品来装点自己，让自己更有活力，比如小丝巾等；而白色的衣服只适合去应聘娱乐类的工作。美国史丹利公司中国地区人事经理葛丽丽：穿着能反映一个人的性格，因此面试时对穿着还是要有所讲究的。

给用人单位 HR 留下良好印象的面试着装，能为求职者成功受聘增加砝码；反之，如果面试时的衣着无意暴露了让用人单位 HR 反感的性格等信息，

则会引起 HR 的误会，可能为求职者成功受聘减分。

一位资深人力资源总监讲述了这样一个故事：一位已有四年工作经验的求职者前往北京的一所专科院校应聘计算机工程师的职位。面试时，这名求职者穿着正式，打了领带，穿上了西装。面试过程非常顺利，求职者过硬的专业知识让招聘老师们欣赏不已。

就在老师们决定要录用这名求职者的时候，一位老师提出了异议："你们注意到没有？这个面试者穿了一双旅游鞋。一方面，如此装扮很不得体；另一方面，也说明此人很有个性，比较难管理。"但由于老师们都不是专业的 HR，认为这样的细节无关紧要。几天后，这名求职者到学院正式上班了。

接下来的事情让人感到意外，人们发现，当初那位老师的话逐一成真。上班后，此人不拘小节，衣着随意，邋遢，让老师和学生们都很不喜欢他。更要命的是，他个性十足，很难听进别人的意见。领导找他谈过几次话，但收效甚微。日子久了，他成了学院有名的"刺头"。

这位资深人力资源总监总结道：其实大多数专业的人力资源从业者在面试时都很关注求职者的衣着，因为求职者的衣着在一定程度上反映出他（她）本人的性格。这位求职者是非常"幸运"的，尽管招聘老师们对他的个性服装颇有微词和异议，但还是让他过关了。但是在一些专业的人力资源从业者眼里，他的衣着暴露出来的本人性格，是值得再三考虑和推敲是否录用他的。

在众多的应聘者中，竞争一个职位的最后一关就是面试。面试时所要"试"的，就是要面对面观察，由表及里测评求职者的专业技术能力及综合素质，准

确做出聘用与否的决定。即使一个人满腹才华，不可多得，但是如果面试时的衣着暴露出了其令人质疑的性格和品质，就有可能最终在几位候选人中角逐时，被遗憾淘汰。

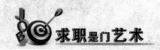

第四节 眼睛是心灵的窗户

　　陈心洁应聘一家快递公司的前台文员岗位，性格有些内向的她在面试时颇为紧张，一直不敢抬头看面试官，以至于面试结束后，面试官都没有看清她的长相。这场面试最后失败了，陈心洁有些不服气，因为她有三年的文员工作经验，迄今为止，她向六家用人单位投递了简历，六家用人单位都先后打电话来通知她面试。这家快递公司是她面试的第一家，初战就失败了，这让她很难以接受。

　　于是她给那位面试她的面试官发了一封邮件，委婉地"质问"对方，综合条件都不错的自己为什么没有得到聘用，这场招聘是否有其他的猫腻！三天后，面试官给她回了一封简短的邮件，只有寥寥几句话：非常抱歉，陈小姐！面试时你连头都不敢抬起来看我，请问如果你进入了我公司，在我公司前台工作，有客人来访时，你都不愿意抬起来看对方，是否会让客人感觉到很不礼貌、不被尊重呢？

　　"眼睛是心灵的窗户"，眼神能够传达出一个人内心最真实的想法，所以，在人际交往中，眼神的交流至关重要。它代表的是一种无声的语言，它可以代替语言向对方传达自己微妙的情感和态度的变化。

在求职者与面试官"交战"的面试过程中，求职者可以通过眼神的交流向面试官传达自己的真诚、自信等正面的信息；又可以通过观察面试官的眼神判断面试官的情绪，不断增进与面试官的关系。所以，求职者应注意与面试官的眼神交流。

面试时，求职者不敢和面试官进行眼神交流，躲躲闪闪的眼神向面试官传达的信息就是不自信和紧张，这种负面的信息会让面试官对求职者大失所望。如果求职者在个人简历中作假或掺了水分、在面试言谈中夸大其词，往往会因为过于不自信和紧张而原形毕露；而对于那些实事求是、各方面条件都很优秀的求职者来说，不敢抬头看面试官，面试官原本对求职者留下的良好印象也会大打折扣。

王佳天生比较内向，从来不和陌生人主动搭讪，然而找工作时，她却不得不硬着头皮去参加面试。一走进用人单位，她就习惯性地将自己的头低了下去，面试时为了消除她的紧张感，面试官故意与她闲扯一番。但是无论面试官怎么努力，王佳耷拉着的脑袋就是不肯抬起来，偶尔抬起，眼皮也是耷拉着的。面试官几次试图和她的视线对碰，但她都故意躲闪。最终这场面试自然是以王佳的失败而告终。

郑颖在大学时就是学校文娱部的部长，能歌善舞，机灵活泼。毕业后她一连参加了几场面试，面试最终的结果都差强人意。有一次在面试结束后，郑颖察觉到面试官心不在焉地就要结束这场面试，心直口快的她当场将心里的疑惑问了出来，她不明白，在校时她是老师和同学们的"宠儿"，可是这些用人单位的面试官为什么都不喜欢她？

面试官见她紧蹙眉头，一副愁眉不展的模样，不由动了恻隐之心。他告诉郑颖，她没有工作经验是原因之一；但还有一个原因，面试一开始，郑颖坐下后就一直用眼睛紧紧盯着他，甚至长达几分钟都不曾移开，让面试官感觉很有压力、有攻击性。在交谈时会常常分

神，甚至在她"凌厉"的目光注视下，他会下意识地摸摸自己的脸、低头看看身上，是否有不妥当的地方。一场面试在一惊一乍、心不在焉中进行，自然难以考察出求职者的真实水平。所以面试官只好草草结束了这场面试。

求职者在面试时和面试官有眼神交流，并不是让求职者一直盯着面试官，这会让面试官分神，使他无法集中精神听你的回答。时不时与面试官进行对视，能表现出求职者对自己答案的自信。

求职者时不时与面试官对视，也并不是让求职者的眼神处在游离的状态，而是要通过眼神向面试官传达自己想要表达的信息，所以"时不时"这个度也要把握好。

眼神长时间集中在一个地方，会让面试官感觉到求职者的心神恍惚，或是集中精力在思考某个问题、回忆某个事情。如果求职者正在回答面试官的提问时也保持这样的眼神状态，就有可能让面试官理解为你正在从某本书上照本宣科背诵"答案"，面试结果可想而知。

面试过程中，求职者在与面试官进行眼神交流时，一定要真实、自然，才能充分显示出求职者的能力和自信。

第五节 小动作坏大事

传说中，亚历山大帝王图书馆发生火灾的时候，馆里所藏的图书被焚烧殆尽，但有一本不算贵重的书得以幸免。有一个能识几个字的穷人，花了几个铜板买下了这本书。

书本身没有什么意思，但书页里面却藏着一件非常有趣的东西：一张薄薄的羊皮纸，上面写着点铁成金石的秘密。所谓点铁成金石，是一块小圆石，能把任何普通的金属变成纯金。小纸片上写着：这块奇石在黑海边可以找到，但是奇石的外观跟海边成千上万的石头没有什么两样。谜底在于：奇石摸起来是温暖的，而普通的石头摸起来是冰凉的。于是这个穷人变卖了所有家当，带着简单的行囊，露宿于黑海岸边，开始寻找点铁成金石。

他知道，如果他把捡起来的冰凉的石头随手扔掉的话，那么他可能会重复捡到已经摸过的石头，而无法辨认真正的奇石。为了防止这种情况的发生，每当捡起一块冰凉的石头，他就往海里扔。于是他一天又一天，一月又一月，一年又一年，不气馁地捡起石头，扔石头……没完没了。有一天早上他捡起一块石头，一摸，是温暖的！他仍然随手扔到海里，因为他已经养成了往海里扔石头的习惯。这个扔石头的动作太有习惯性了，以至于当他梦寐以求、苦苦寻觅的奇石出现时，他仍然习惯性地将它扔进海里。

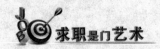

日常生活中，每个人都有自己的习惯动作，例如频繁地耸肩、手舞足蹈、左顾右盼、坐姿歪斜、晃动双腿等。一般来说，只要不是性质恶劣，这些习惯动作本是无伤大雅、无可厚非。但是一场面试只有短暂的几十分钟，而且面试作为求职过程中压力最大、对求职者是否能应聘成功起到关键作用的一个环节，面试中的每一个细节都值得引起求职者的重视。

如果求职者有一些不好的习惯性的小动作，应该及时将这些小动作留在面试场外，避免在面试时给面试官留下不够尊重、不成熟、浮躁……等等为面试减分的印象。

贾磊应聘一家公司销售岗位。这是贾磊的老本行，因此面试时一提到销售，他手上的动作就多了起来，他豪情万丈地挥舞着双手，以表达自己对新工作的满腔热忱，期间过于激动，竟然把桌子上的一杯水碰到了，办公桌上一下子湿了一大片。面试官虽然觉得他有些过了，但考虑到他表现得确实是个人才，于是聘用了他。可是仅仅半年后，他就被公司辞退了，因为他对这个行业根本一无所知，是没有办法做好销售的。面试时他那些手舞足蹈的手势，恰恰表明这个人对自己的能力缺乏信心。

一位心理专家透露道："面试过程中，求职者不停地轮换穿插双腿，是不耐烦的表现；而不断跷着二郎腿会让面试官觉得求职者没有礼貌。"如果求职者把双手穿插放在胸前，表示回绝或否决。所以求职者面试时一定要留意坐姿端正；双脚平放；放松心情。

一家世界 500 强企业北京分公司负责招聘工作的甘志杰说道，在面试时他往往会注意求职者的一个细节（这个细节对于那些长头发的女孩子来说尤其明显）。求职者在谈话时，会频繁用手拂拭额前的头发；男性求职者往往会不时摸摸自己的鼻子、衣襟、袖口等。以他多年的招聘工作经验，那些频繁用手拂拭头发或不时摸摸身体其他部位的求职者，都有一些敏感和神经质。在一场招聘工作的尾声，如果有两位求职者各方面条件、综合素质都不相上下，其中一位求职者在面试中表现出了这些小动作，就会成为他最终被淘汰的理由。

都说现在工作难找，法律本科毕业的李小姐深有感触。招聘信息铺天盖地，好岗位却是大海捞针，所以她一开始就把目标定得很低，没想到这也会失败。

大学读的是法律，又有两年医药工作的经验，她觉得自己还是挺有资本的。去应聘一个文秘的岗位，总觉得是十拿九稳的事情，也就没把别的竞争者放在心上。

面试当天早上，她把自己的简历熟悉了一遍，也没怎么准备就去了。到了现场一看，已经有几个应聘者在了，看样子都经过一番细心打扮，一个个嘴里念念有词，显然是在温习。看他们那个认真劲儿，她突然有了竞争的真实感。面试官看上去非常严肃，被他的目光一盯，李小姐就慌了神，头不由自主地低了下去，事先准备的说辞全忘了，脑子里一片空白。这时候面试官让她作自我介绍，她几乎把自己的简历记得的都背了一遍，语调就像一根直线，声音也有些颤抖，手又习惯性地去摸头发。

她作完自我介绍后，面试官紧接着问她，应聘这个岗位的优势在哪里。这本来是个好机会，只要她把自己的特长、工作经验说清楚，胜出的概率还是很大的。可偏偏一紧张，平时的那些小动作全出来了，一会儿摸摸头发、一会儿摸摸耳朵，擦鼻子……她都不知道手该往哪儿摆，面试官看着她直皱眉头，问了两个问题就叫她出去了。

如果求职者和面试官确实谈得比较投机、融洽，可以稍微有些肢体语言，配合一些手势进行讲解或指示，能够减轻求职者的心理负担，消除求职者的紧张感；也会让面试官感觉你比较活泼。但是凡事都有一个度，肢体语言也一样，如果太多、太频繁，就会引起对方的警觉或误会。

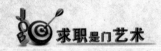

第六节 面试前5分钟

北京有一家外资企业招工，报酬丰厚，要求严格。两位高学历的年轻人过五关斩六将，几乎就要如愿以偿了。但谁都没想到最后一关碰到了麻烦。这一关是什么呢？原来总经理要亲自面试，考考他们。

一见面，总经理就对大家说："很抱歉，年轻人，我今天有点急事，要出去10分钟，你们能不能等我啊？"

他们说："没问题，总经理，您去忙吧，我们等您！"

总经理走后，两位踌躇满志的年轻人围着总经理的大写字台很有兴趣，写字台上文件一摞，信件一摞，资料一摞。结果，你看这一摞，我看那一摞，看完了还互相交换看。其中一位年轻人是出于好奇；而另一位年轻人则是因为面试要知己知彼，认为看了这些东西能对总经理、对公司有一定的业务了解，面试时就会脱颖而出。

10分钟后，总经理回来了，总经理说："面试已经结束。"

两位年轻人很奇怪，说："没有啊，我们在等您，还没开始面试呢？"

总经理平静地说："我不在期间，你们的表现就是面试。很遗憾，你们没有一个人被录取，因为本公司不能录取那些乱翻别人东西的人。"

两位年轻人目瞪口呆，全傻了。

面试前，求职者赶到用人单位。一般来说，无论求职者是准时到达，还是提前或迟到，都会有约 5 分钟的接待和等待时间，公司前台或文员会请示人事部或相关部门领导。如果他们正在进行一场面试，或是处理紧急工作事宜、开会，就需要求职者稍等几分钟，甚至更长的时间。

叶小姐到用人单位参加面试，前台告诉她经理正在开一个紧急会议，需要她稍等几分钟。两分钟后，百无聊赖的叶小姐站起来在办公室里随意走动，细跟高跟鞋在地板上发出"叩叩"的敲击声。她看见一位公司员工正在电脑上做平面设计，她凑上去，和这位平面设计师交谈起来，并且给他的设计挑出了毛病，提了一些建议。这时，办公桌上的电话铃声响起来，叶小姐顺手就接起了电话。对方称自己是一位客户，已经到了公司附近，问公司的具体地址和楼层。叶小姐很热心地将这家公司的地址和楼层告诉了对方。挂电话后，她转过头和那位平面设计师继续谈笑风生，话题也转移为"这位男客户声音听起来真像个女人……"。恰好经理开完会经过她的身边，听见她的这番话，立即告诉前台，叶小姐不用参加面试，她被淘汰了。而这时那位"客户"也进了公司大门，叶小姐傻了眼：原来他只是一名推销人员。

面试正式开始前的等待，求职者在用人单位的一举一动都会被这里的人看在眼里，都可能被报告或议论，从而直接或间接地影响求职者的面试结果。

面试前在用人单位等待，这段时间里的每一个细节都应该引起求职者的重视，求职者应在公共场合遵守礼仪规范，展现良好的综合素质，以争取良好的印象分数。

　　严丹的妈妈是一家公司的人事主管，在严丹即将参加一场面试之前，妈妈再三叮嘱她到了用人单位后一定要遵守礼仪，尤其注重面试过程中的一些细节礼仪。
　　原来严丹应聘的职位是总经理助理，而她比较缺乏这方面的工作经验，为了弥补工作经验的不足，妈妈希望她能遵守礼仪，给面试官留下良好的印象，这样面试官在考虑综合素质时，严丹或许能博得一些机会。

到了用人单位，文员把她和其他求职者安排在休息室等待。在等待的时间里，有一男一女在不停地聊天，声音也越来越大，不知他们是刚认识还是以前就认识，他们的声音不时引来大办公室里的侧目；严丹左边的一个男青年一会儿玩玩手指甲，一会儿挖挖耳朵，双腿也一直在抖动；右边一位年龄看起来已有三十多岁的男人，正坐在角落里一直在发呆，目光呆滞！严丹收回了目光，她定了定神，拿出一本对外宣传册翻阅，这是放在这家公司前台的产品宣传册。

终于轮到她面试了，进了会议室，面试官微笑着问了她几个问题，就当场通知她，下周一来参加公司的复试。

严丹后来才知道，那天在休息室的五位求职者中，只有她遵守礼仪，没有引起公司员工的反感和猜疑，而且她主动看阅公司的对外宣传册，既无伤大雅又给对方留下了非常好的印象，所以严丹幸运地获得了复试机会。而那天的五位求职者中，只有她一人得到了复试机会。

求职点金石

在用人单位等待面试时，一般来说，即使前面一位求职者已经面试结束，离开了公司，下一位求职者也应该在门外耐心等待，不要擅自走进面试房间。听见面试通知后要敲门进入，开门关门尽量要轻，进门后不要用后手随手将门关上，应转过身去正对着门，用手轻轻将门合上。

第七节 不要吝啬你的微笑

《当幸福来敲门》是一部让人非常感动的励志电影。

电影取材于一个真实的故事。主人公克里斯·加德纳独自带着儿子生活，因为他的事业不顺，穷困潦倒，生活过得非常艰难。在他偶然间认识到做证券经纪人并不一定需要大学文凭，而只要懂数字和人际关系就可以做到后，就主动去应聘一家证券公司的股票经纪人岗位。

面试当天，潦倒得即将要露宿街头的加德纳犯了愁，因为他没有一件像样的衬衫。坐在这个只属于西装革履的世界里，他紧张极了。

面试平淡地进行着，突然主面试官抬起头，皱着眉，提高音调问："克里斯，如果有一个应聘者连正经的衬衣都没有穿，而我却录取了他，你会怎么看？"

加德纳微笑着说道："那他肯定穿了一条绝对优雅的裤子！"

出乎意料的幽默，让全场人捧腹大笑，当紧张的气氛缓和下来时，加德纳说："在门口的时候，我曾经绞尽脑汁地想来为今天的狼狈寻找借口，但是我还是想把真相告诉你们，我真的很需要这份工作，如果你能给我这个机会，我相信穿上了白衬衫的我也一样会很帅。"所有的面试官都投来了满意的目光。

很多年后，加德纳在事业上获得了令人刮目的成绩。曾经的面

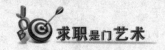

试官告诉他，"当时正是你的微笑打动了我，我想在那样的情况下仍然能保持微笑的人，一定会是个了不起的人。"

美国钢铁大王卡耐基说："微笑是一种神奇的电波，它会使别人在不知不觉中同意你。"当代求职市场强手如林，充满激烈的竞争，求职者要想从中找到自己的一席之地，不仅需要具备良好的知识、素质、能力，还需要积极的求职心态和充满自信的微笑。

"面带三分笑，礼数已先到。"微笑礼仪往往在面试中起着很微妙的作用。面对陌生的面试官，微笑可以缩短双方距离，创造良好的面试氛围，给面试官留下美好感觉的第一印象。

一位求职者应聘一家网站网页美工岗位，面试时始终保持真诚微笑，最后她如愿以偿得到了这个工作。一次偶然机会，曾经面试她的总经理告诉她，正是她的笑容敲开了这份工作的大门。"你的微笑感染了我，通过微笑，我能看到你有一种其他求职者不具有的自信。"

所谓"微笑"，一定要真诚、自然，才能使对方感到友善、亲切和融洽。一位 HR 谈到："面试时，一些求职者面露平和而欢愉的微笑，这让我们感觉如沐春风，而且始终保持这种微笑的求职者，也反应了他们心理愉快，充实满足，乐观向上，善待人生，这样的员工正是我们所需要的员工。"

"微笑是上帝送给每个人最珍贵的礼物。因为，笑容里包含着理解和接纳，能在顷刻间缩短人与人之间的距离。"面试时，微笑不仅能够展示自己的自信，也向用人单位传递了一种积极的态度。

小张性格内向，表情生硬，在面试屡屡碰壁后，才深知微笑的重要性。于是他坚持每天对着镜子练习微笑，直到他觉得自己已经"会"微笑了。他信心十足地又去参加面试，可是在面试过程中，他因为心情紧张，原本热情洋溢的微笑显得僵硬而呆滞，面试结果依然惨遭淘汰。

面试时，微笑要适度、得体。哈哈大笑、捧腹大笑过于夸张，而且也很不礼貌；得体就是要恰到好处，当笑则笑，不当笑则不笑，否则就会弄巧成拙。

　　段小姐按照网络招聘广告上的联系方式，向用人单位发了一个求职电子邮件。几天后，她接到了这家公司人事部经理的电话，要她在第二天下午到公司参加集体面试。

　　到了用人单位所在的办公楼下，段小姐微笑着向保安打听清楚了"人事部"所在的楼层；在电梯内，站在楼层按钮旁边的她，微笑着询问旁边的几个人到几层，帮他们按下了楼层按钮……

　　站在门口，她打开了背包，看了一下所带的求职资料，然后进行了一下深呼吸，安定一下自己的紧张心情，就充满腰杆笔挺、自信十足地准时敲开了用人单位的大门……后来，段小姐就成了这家公司的一名正式员工。工作以后的一次偶然机会，段小姐向人事经理问道，在那么多参加应聘的求职者中，经理为什么会选择了她？

　　经理的回答有些出乎段小姐的意料，"你离开以后，包括我在内所有面试官，公司员工，甚至连公司保洁、门口的保安都在谈论你的微笑，你的热情和积极让我们都受到了感染，心情也变得好起来！"原来是这样的，段小姐起初还以为是自己的名牌大学学历和自认为不错的能力是求职的绝对资本呢！

　　微笑乃是具有多重意义的语言——施皮特勒。

　　在面试过程中，微笑是心灵的镜子，是一项最简单、却也是最有效的沟通技巧。求职者要善于用每一个笑容去感染面试官。微笑着打招呼，微笑着做自我介绍，微笑着回答面试官的每一个问题，微笑着道别……当心灵的花朵因为微笑而绽放时，成功的大门一定已经向你敞开。

第八节 善于倾听的艺术

杨先生供职于一家跨国公司，在这家公司工作了五年，他的职位不断得到晋升，在同事和朋友们的眼中，他毋庸置疑已经取得了事业成功，前途一片光明。

近日杨先生要结婚了，未婚妻在另一座城市事业单位工作，为了能够结婚后生活在一起，杨先生决定辞职，到未婚妻所在的城市找工作。他认为以他的工作经历和实力，找一个外企的管理阶层职位完全没有问题。恰在此时，一家猎头公司也找到他，帮他联系到了一家外企的部门经理职位，外企总经理对他的履历非常满意，邀请他参加一场面试。杨先生提前做了一番准备，对应聘公司及其发展战略做了一番仔细研究，还结合自己的工作经验做了陈述。一切看起来都非常顺利。

面试时，杨先生带着事先准备好的关于自己为什么是职位最佳人选的演说词走进了总经理办公室。寒暄过后，他就开始讲述自己对公司目前战略的想法和未来经营发展的计划。一个小时以后，总经理对他表示感谢，然后送客。后来，这家外企再也没有联系他。

事后，杨先生辗转才打听到，在总经理的眼里，杨先生开始时表现得很专业，准备也很充分。但随着面试的继续，他的独说独讲只给人傲慢和肆无忌惮的感觉。他似乎不愿意听到总经理说话、提问，这与其说是两个人之间的互动对话，不如说是求职者单方面的演讲。他急于给人留下好印象，却适得其反。

在面试过程中，许多求职者在注重如何说话"推销自己"的同时，可能忽视了一种非常重要的能力——学会听别人说话的能力。

卡耐基说："对和你谈话的那个人来说，他的需要和他自己的事情永远比你的事重要得多。在他的生活中，他要是牙痛，要比发生天灾数百万人伤亡的事情还更重大；他对自己头上小疮的在意，要比对一起大地震的关注还要多。"

心理学研究表明，越是善于倾听的人，与他人关系就越融洽。耐心倾听对方说话，是对对方的一种尊重，传递着"你是一个值得我尊敬的人"信息，对方自然就会油然而生好感。案例中，杨先生太专注于"推销自己"了，却忽视了面试官的感受、面试官到底需要什么样的人才。如果面试官不能通过简单直接的谈话、提问回答环节更好地了解求职者，只能遗憾地草草结束面试。

小余的朋友小秦近日参加了一场面试，被淘汰后她鼓励同专业、目前也正在找工作的小余去试试，并将自己面试失败的原因传授给了她：原来面试时，小秦太注重表现自己，没有认真听面试官的提问，以致心不在焉、答非所问，最后面试官给她的评价是：太过自我、不够礼貌。小余吸取了小秦面试失败的教训，面试时保持沉默，聚精会神聆听对方说话。可是面试很快就结束了，小余仍然没有收到复试的通知，面试官给她的评价是：内向、被动，缺乏主见。

倾听，并不只是"听到而已"，善于倾听，最重要的是从对方的话语中了解对方的感觉和想法。在面试中，有效地倾听对方说话才能为面试加分。不时以附和、点头、微笑等等言行举止促使对方把话讲下去，同时也向对方传递了你正在怀着浓厚的兴趣，认真倾听他讲话的信息。

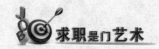

善于倾听是面试中的一项礼仪，一种技巧。求职者在倾听过程中不仅要专心、有耐心，赢得对方的好感；更要细心，要能够听出对方的"言外之意"，有助于在接下来的面试中采取策略、随机应变。

刘敏敏应聘一家小商品批发城办公室人员岗位，面试她的是批发城的老大——刘总。

面试开始后，刘总问了她几个简单的问题，就问她还有什么问题要问的，言语之间大有要结束面试的意图。刘敏敏心里有些失望，但她还是鼓起勇气问刘总，如果她应聘成功了，进入工作岗位后，如果工作能力和表现都得到领导的认可，会不会有晋升机会！

刚开始，刘总介绍了办公室人员可以晋升的几个高职位，从几个高职位又介绍到商城的发展前景，再到行业发展前景……刘总越说越兴奋，话锋一转，又感叹刘敏敏正是大好青春年华，而他像刘敏敏这般年龄时，正在事业的道路上跌跌撞撞、蹒跚前进……

刘总的话终于多了起来，刘敏敏心里却有些不安，几次想趁着刘总说话的间隙，转换一个话题，改变被动的局面。但是刘总却并不理会，继续滔滔不绝地讲述着自己的奋斗史。

出于礼貌，刘敏敏在他的讲述中不断点头、微笑，表示她在认真倾听。刘总讲述到一些做抉择的奋斗史情节时，会习惯性地问刘敏敏一句"如果你是我，在这个时候该怎么办？"刘敏敏简短地表述了几句观点，大多数和刘总最后做的抉择不谋而合，这让刘总更兴奋了。

一个小时过去，"面试"终于结束了。不抱任何希望的刘敏敏刚刚走出批发城的大门，就接到批发城打来的电话，通知她明天就到岗上班。

　　倾听是一种修养，也是一门艺术。善于倾听的求职者，散发着智慧的魅力，容易赢得面试官的真情和信任。在面试中懂得倾听，有时比能说会道、巧言善辩更加重要。掌握倾听的艺术，往往能在面试最后获得出其不意的结果。

第九节 面试迟到包含的"大文章"

《今日早报》曾经报道了一个真实的求职故事，故事中一名很有实力的求职者，原本很有希望获得20万元年薪工作的机会，却因为两次面试迟到事件，与高薪失之交臂。

故事中，一家外资企业招聘一名工作人员，年薪高，在20万元以上，全国各地都投来了不少简历。经过三次筛选，这家企业最后只留下了6个人面试。

其中有一位小伙子，是名牌大学硕士刚毕业，人长得干净又年轻，还有着很多活动管理经历，企业老总对他很中意，他甚至被列为"一号"候选人。星期三，老总特别交待人事部主管，要单独给这位求职者安排一场面试。

就连人事主管都觉得这位求职者应聘成功的机会非常大，几乎可以说基本定了。可约定时间是下午3点，老总们全到齐了，足足等了这位求职者半个多小时，这位求职者才姗姗来迟。

当时，这位求职者给出的解释是"路上堵车"。想想公司附近的几条交通要道堵的程度，老总们也没说什么。

这次面试结果老总们都非常满意，约了星期六正式签约，可结果这个人竟然比约定时间晚了40多分钟才到，理由同样是"堵车"。结果当场就被拒绝了。老总们认为，之前他已经来过一次公司，应该对路况熟悉了，而且又是双休日，堵车40分钟的解释让人难以信服。

后来这位人事主管听见这个求职者打电话给朋友的时候都快哭了，一个劲儿埋怨他们。原来他迟到的真正原因是前一天晚上一群朋友庆祝他找到工作，玩了一个通宵，还喝得烂醉，结果起床迟了。

因为主观或客观原因，会导致一些求职者面试迟到，这无疑是求职中的一大硬伤。一般来说，求职者面试迟到向用人单位传递了两个信息：第一，求职者对这场面试并不重视；第二，求职者是一个没有时间观念的人。前者会引起面试官对求职者产生不太好的第一印象；后者则反映了求职者在工作中毫无时间观念，拖拖沓沓，影响工作效率。

如果是因为客观原因而造成面试迟到，求职者要学会调整心态，不要总想着"这下完了"，影响面试的心情，导致在面试过程中发挥失常。更不要打道回府放弃面试。因为面试迟到并不是十分可怕，怕就怕明知自己迟到却还不知道该怎么办。

小周在赶往一家用人单位参加面试的路上，八月原本骄阳似火的天气却突然下起了一场大暴雨，糟糕的是小周没有带雨伞，全身都被这场大雨浇了个湿透。眼看约定面试的时间就快到了，她给用人单位打了一个电话，解释了自己现在的状况，不适宜在用人单位内走动，影响公司形象，申请延迟面试时间。用人单位接受了她的解释，最后和她约定，面试延迟到下午举行。

当求职者预见到自己有可能迟到的时候，应该提前给用人单位打电话告知，并表示自己会尽快赶到，或申请延迟面试时间，还要简单解释下迟到原因。可以说堵车、家庭原因等；切忌说自己起床、出门晚了，或是之前有一场面试拖延了时间等等，这样会让面试官感觉求职者不够重视他们的面试。

找工作屡屡碰壁的邱亚萍最近意外收到了一家500强企业面试通知，这让她欣喜若狂，一整天都沉浸在突如其来的喜悦当中。

因为兴奋过度，以至于当晚迟迟不能进入睡眠状态。第二天早上闹铃准时响起来，但睡眼惺忪的她"啪"地一声按停了闹铃，又继续倒头大睡。当她终于模糊醒来，想起今天有一场重要的面试的时候，距离约定的面试时间已经过去了整整20分钟。

心急如焚的邱亚萍牙也没刷，匆匆洗了脸就往用人单位赶。当她终于赶到目的地时，已经迟到了30分钟。人事专员当即拒绝她参加面试。邱亚萍注意到，现场有好几位面试者也迟到了，也都被人事专员拒之门外。

邱亚萍非常气愤，她走到公司前台，在"来客意见薄"上发泄地写了几句话：大公司就很了不起吗？觉得来应聘的人多，就把问题放大，只不过是迟到而已，连面试的机会都不给，根本就是找刺！

恰好一周后，通过综合素质考核，公司依然没有招聘到合适的新员工，于是准备在初试落选的求职者中挑选几位参加面试。原本邱亚萍已经被入选了，可是公司发现了她在"来客意见薄"上的发泄，又把她刷了下来，理由是：没有时间观念；犯下错误后不能及时发现、承认、改正错误，反而第一时间推卸责任。

小张参加面试时迟到了几分钟，面试官看了看表问："路上堵车了吗？"小张略带不满地回答，"是有点堵车，再加上你们公司太偏僻了，提供的地址有点不清楚，我找了大半天时间才找到，所以迟到了。"听了这句话，面试官脸色显出了不满的神色，随便问了小张几个问题，面试就结束。小张自然被淘汰了。

如果求职者已经迟到，而且没有在预见到自己有可能迟到的时候告知用人单位，一定要勇于担责、敢于承认错误，不要把责任推到他人身上。任何用人单位对推卸责任的求职者都是非常反感的，也很警惕。他们认为喜欢推卸责任的求职者，往往会在工作中会严重影响团队合作，日后无法协调工作。

　　为了避免迟到，求职者在接到面试通知后，应该尽快弄清楚用人单位的具体地址，确认从自己的住处到达用人单位需要多长时间，乘坐哪种交通方式最合适……时间不能安排得很紧张，要留出足够的富余，以避免因为处理意外状况而耽误时间，导致面试迟到。

第五章

求职谈吐艺术——一语重千金

　　求职谈吐，其实也是求职礼仪中的重要一项。之所以要对求职谈吐开启一个独立的篇章，是因为谈吐在求职过程中至关重要，它往往间接或直接影响着求职者的成败。

　　一般来说，一场普通的面试就是一个你问我答的过程。如果没有语言，面试就是一场无声的默片。面试官往往会通过求职者的言语和谈吐间的小细节，判断这个人是否适合公司的工作岗位。这对每个求职者都是公平的，因为每个人展示自我的时间都是相同的。

　　对于面试，很多人都有这样一种理解的误区：面试一测外貌；二测口才。可是有的求职者明明能言善辩，却还是在面试环节败下阵来；有的求职者在谈吐间口若悬河，展尽才华，却还是过后被面试官拒绝……你一定想问，这是为什么？

　　什么话可以说？什么话不可以说？什么话应该说……在读完本章以后，你就会幡然醒悟：原来不是你面试时不会说话，而是你不懂得面试说话的艺术。

第一节 让你的赞美为面试锦上添花

清朝末年著名学者俞樾在他的《一笑》中，讲过这样一个故事：有个京城的官吏，要调到外地上任。临行前，他去跟恩师辞别。恩师对他说："外地不比京城，在那儿做官很不容易，你应该谨慎行事。"官吏说："没关系。现在的人都喜欢听好话，我呀，准备了一百顶高帽子，见人就送他一项，不至于有什么麻烦。"

恩师一听这话，很生气，以教训的口吻对他的学生说："我反复告诉过你，做人要正直，对人也该如此，你怎么能这样？"

官吏说："恩师息怒，我也是没有办法的办法。要知道，天底下像您这样不喜欢戴高帽的，能有几位呢？"官吏的话刚说完，恩师就得意地点了点头说："你说的倒也是。"

从恩师的家中出来，官吏对他的朋友说："我准备的一百顶高帽，现在仅剩九十九顶了！"

这虽然只是一个笑话，但却说明一个问题：每一个人都喜欢听赞美的话。就连那位教育学生"为人要正直"的老师也未能免俗。布朗戴斯大学教授马斯洛的"需要理论"解释：人都有获得尊重的需要，即对力量、权势和信任的需要；对名誉威望的向往；对地位、权利、受人尊重的追求，而赞美，则会使人的这一需要得到极大的满足。由此可见，我们要想获得他人的好感，最有效的方法就是热情地赞美他人。

没有人不愿意听到赞美的话，即使严肃的面试官也不例外。如果一位求职者通过对面试官的赞美，成功地使面试官看到了彼此的共同之处，例如世界观、价值观以及工作方法等，那么就能赢得面试官的好感并因此获得工作机会。

小林到一家国企单位参加面试，面试时她赞美装扮时髦的面试官小姐："您的这双靴子很漂亮，我蛮喜欢的。"没想到面试官只是淡淡地笑了笑，说了一句谢谢。赞美并没有给小林带来好运，接下来的面试也明显感觉到面试官的态度越来越冷淡，最后她竟然被淘汰了。小林很困惑，为什么她的赞美不仅没有取得面试官的好感，反而起了反作用呢？

后来不久小林在一位朋友家里见到了一双一模一样的靴子，她才恍然大悟，原来这双靴子已经是过时好几年的款式，也许那位装扮时髦的面试官小姐当天正好没有其他的鞋子可穿，不得已才穿了这双靴子，而且时时藏着掖着，深怕别人看见。听见小林不合时宜的"赞美"，还以为小林是在讽刺她，所以对小林更没有好印象了。

发现一个优点叫赞美，发明一个优点叫奉承。恰到好处的赞美能为面试锦上添花，让面试官对求职者加深印象；阿谀奉承的"赞美"会让面试弄巧成拙，让面试官对求职者的谈吐、社交能力、品质产生怀疑。

求职者太过于夸奖面试官，会让面试官觉得求职者谄媚或者不真诚，容易失分。一位求职者，在整个面试过程中表现很不错，可是在一阵短暂的沉默时，紧张的他没话找话说地赞美道："我不知道这个地方还有像你这么帅的人。"面试官听了这句"赞美"后，对这位求职者产生了怀疑，觉得这个人不仅自私而且有点谄媚倾向。

经过几个月的努力，陈强终于得到了与新加坡一家大公司面试的机会。陈强并没有多少应聘成功的把握，但是他在准备面试时依然丝毫不敢懈怠。作为准备的一部分，陈强在面试前一天傍晚去了

一趟他准备前去面试的公司。

他纯粹只想看看公司办公楼里面究竟是什么样子，可就在他看的时候，一名正在扫地的大楼管理员注意到了他，并且问他是否需要帮忙。

陈强说了实话："明天我要来这里接受一个重要的面试，我想先了解一下这个地方。"那名管理员把陈强请到用人单位HR的办公室（这也许违反了公司的规定），并把摆在高高的架子上的几艘制作得非常精致的轮船模型指给他看。很显然，这位HR是名收藏迷。那天晚上，陈强赶紧去了趟图书馆，查看了有关旧轮船的资料。

第二天，当陈强与用人单位HR见面时，他指着其中的一只轮船模型说："嘿！那艘帆船不就是哈得逊号吗？你竟然能收藏到这艘轮船模型，真的太棒啦！"这立刻引起了HR的惊讶和好感，他脱口而出，"你也知道哈得逊号？"

最后，一场原本在陈强想象当中严肃而紧张的面试就在轻松、愉快的气氛中结束了。两天后，陈强出乎意料接到了这家公司通知他前去办理入职手续的电话。

如何恰到好处地赞美面试官？古人云：勿以恶小而为之，勿以善小而不为。我们说：勿以小事而不赞。世上轰轰烈烈的事是有的，但不是每个人都能做一番轰轰烈烈的大事，大多数人的一生都是在平淡、平凡中度过的，如果我们一味地去寻求"石破天惊"的大事才赞美别人，那么，恐怕我们永远也找寻不到可以赞美的事。

不管面试的类型设计得如何科学，让人喜欢的气质在对方决定谁能获得职位时总是起着很大的作用。赞美是一门艺术，因为它很难把握分寸。糟糕的赞美还不如不赞美；而好的赞美，如果过度，也会失去魅力。对面试官可以适当赞美几句以打破初见时的尴尬，但不要说个没完没了，否则会给面试官太罗嗦、甚至是赤裸裸巴结奉承的印象。相反，求职者应该在赞美过后，及时切入正题——工作。

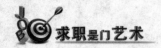

第二节 永远不要说"我被解雇了"

　　无论在平时，还是求职面试的时候，田馥郁都非常反感别人问她为什么要从前一家供职的公司离职？因为她觉得这完全是自己的私人问题，与求职无关。而且让她难以启齿的是，她是被前一家公司的总经理炒了鱿鱼，即使炒她鱿鱼的原因是总经理和她同为女性，女总经理虽然只有大专学历，但从公司成立之日起就进入公司，已算是公司元老级的员工，平日里刻板严肃的她，面对高学历、青春靓丽、活泼可爱的田馥郁，自然隐隐有提防的意识。被女总经理解雇后，田馥郁参加了几家招聘单位的面试，每当面试官问她为什么要从前一家公司离职，她都言简意赅回答"觉得自己不适合那个工作岗位"，当面试官进一步追问她想要了解她离职的详细原因时，她就选择不回答。

　　一家田馥郁心仪的外资企业通知她面试，心情忐忑的田馥郁前去参加了面试，她没有想到，整个面试过程面试官和她谈得很投机，田馥郁简直感觉到这个工作岗位非她莫属了，结果面试官又问了她那个让她担心的问题，"你这么好的条件，为什么要从前一家公司辞职呢？"

　　因为前面谈得非常愉快，田馥郁脑子里一热，就推心置腹地回答面试官，"我没有辞职，其实我是被解雇的……"听完田馥郁的话语后，面试官沉默了半晌，然后就把田馥郁打发走了。让田馥郁纳闷的是，她从前一家公司离职的事情，完全是她的私人事情，怎么会屡屡影响她而求职失败呢？

"你为什么要从前一家工作单位离职？"凡是有工作经历的求职者，在面试时都会被面试官问到这个问题。不管是主动辞职还是被解雇，求职者的回答都给面试官传递了极为重要的信息。不同的离职原因反馈的信息各不相同，通过这些原因面试官可以考察求职者的性格特征、人际关系、业绩状况、职业目标等情况。

资深人力资源总监何左认为，考察求职者，离职原因是重要参考。然而求职者的离职原因多种多样，不同招聘单位所看重的因素也不一样，并没有一个绝对性的答案，所以极为考验求职者的回答和谈吐技巧。

初言和贾盛平曾经是同事，在一家公司里从事销售工作，去年12月两个人被公司无情地辞退，此后数月，两人在人才市场上不断投递简历，巧的是后来两人同时获得了一家民企的青睐，竞聘同一个工作岗位。面试时，面试官分别让他们谈谈从前一家公司离职的原因。

初言："我被公司解雇了。"

贾盛平："现在经济环境不好，企业面临经营困难，进行了人员调整，公司原本有员工二百五十人左右，后来一共解雇了包括我在内三分之一的员工，我所在的销售部门就只剩下了一个部门经理。"

最后这家民企录取了谁，答案可想而知。

在被问到从前一家工作单位离职的原因时，如果求职者是主动离职，应直截了当地说明离职原因，避免 HR 心生疑虑。如果是被解雇，要尽量避免直接说出"我被解雇了"，职业规划网站 JobTacToe.com 共同创始人 MichaelNeece 说，"即使你真的被解雇，也不要用这个词，这真的是个很重的词。"求职者说被解雇可能改变面试的基调。HR 可能开始关注求职者坏的方面，并考虑求职者是为什么被解雇的，而不是去看求职者积极的

一面和关注求职者的资历。

　　许先生在成都某广告公司工作4年多，业务上是一把好手。但因与上司长期不和，许先生忍无可忍，终于选择了跳槽。在朋友的推荐下，许先生面试了好几家企业。无一例外地，招聘人员都问到了跳槽的原因。

　　刚开始，许先生直言相告，却都没能应聘成功。朋友打探后告诉许先生，对方觉得他业务能力不错，但"与上司不和"这一点，却一票否决了许先生——与领导关系都搞不好，可见不会处理人际关系。

　　于是，许先生吸取教训，将离职原因改为"收入太低"，可应聘的几家单位却仍不敢要他。朋友打听后告诉许先生，对方怕被他当作"过渡"单位，一有更好的单位挖墙脚，就可能会再次跳槽。

　　许先生很头疼：为什么跳槽真是个难解的谜，怎么回答，都有可能被招聘单位抓住"小辫子"。在请教了高级职业指导师以后，许先生在一场面试中对HR察言观色，将离职原因改为"原工作单位离自己的家太远影响工作"，一脸温和的HR只是略略点头，没有再追问其他原因，最后许先生被成功录取。

　　如果是求职者自身原因导致被解雇，如工作态度不积极、工作能力不强、或者与同事关系不融洽等，应聘者不宜说出严重影响所应聘工作的离职原因，可以说出一些对于所应聘工作"无关紧要"、与工作能力关系不大、能为人所理解的离职原因，如为符合职业生涯规划、上班太远影响工作、休假、生病等。如案例中贾盛平的回答，很巧妙地把自己被解雇的原因"转嫁"给当前经济环境不好，并强调了公司解雇了包括他在内大部分的员工，而并不是因为他自身工作能力不行。

当 HR 要求求职者谈谈离职原因时，求职者避免敏感答案，不给 HR 留下猜测余地，但并不意味着欺骗。如果求职者在前一家公司工作中犯下重大过错，导致公司造成重大经济损失而被解雇，却对 HR 隐瞒、撒谎，HR 可能联系到求职者的前任雇主获得更多的信息，求职者的诚信度会因此而大打折扣，应聘成功的可能性更小。

第三节 自我介绍的艺术

李雨晴在做自我介绍时，遇上了一个赞美她名字的面试官："李雨晴，你的名字很好听呀！"对此，李雨晴的应答却不尽如人意："是嘛，谢谢！这个名字比较符合我的性格，雨是比较温柔的，晴是比较热烈的，我觉得我的个性既有顺从的一面，也有比较热烈积极的一面。"面试官本来想放松一下，结果反而被李雨晴的自夸弄得浑身起了鸡皮疙瘩，觉得自己接下去要是不夸奖她一番，简直就没法继续交流了。

李雨晴继续自我介绍："其实我高中的成绩是可以进名牌大学的，但是高考时没发挥好。我虽然不是来自名校，但是我相信自己绝对不比那些名牌大学毕业生差，我一直非常刻苦，每一次作文的得分都是优，我发誓一定要比他们还要优秀……我觉得我学会了与人进行沟通，学会了团队精神，也锻炼了自己的领导能力和组织能力……"

李雨晴做完自我介绍，面试官仅仅问了她几个简单的问题，就草草结束了这一场面试。李雨晴自然被淘汰了。

当求职者参加一场面试，面试官的第一句话往往就是"请你做一个自我介绍"。一些求职者比较困惑：我的个人简历上已经把我的情况写得很清楚了，做自我介绍是否是多此一举？事实则不然，这个问题看似简单，但求职者一定要慎重对待，它是求职者突出优势和特长，展现综合素质的好机会，回答得好，把握时间，条理清晰，会给面试官留下良好的第一印象。

几句简短的面试自我介绍能考察求职者的仪表风度、专业知识、工作经验等综合方面的水平，考察求职者基本的逻辑思维能力、语言表达能力、总结提炼概括能力。

李雨晴的自我介绍看上去中规中矩，却犯了三个明显的交流错误：一是不全面，因为学习和工作的收获绝不只是沟通和组织能力；二是缺乏说服力，短短一句话，说了自己的四种能力，没有任何事实和数字予以支撑，让人难以置信；三是不够个性化，这样的回答，与别的求职者"撞车"的可能性很大。并且她为自己辩解"高考失利"，反而弄巧成拙，暴露了心理素质差，经不起失败的考验。适当地夸奖自己是可以的，但是绝不可贬低别人抬高自己。

蔡鑫婷和严汀云都是刚刚毕业的学生，学的都是英语专业，学习成绩都很突出，二人同时应聘一家独资公司的高级秘书职位。人事经理看了简历以后，难以取舍。于是通知两人面试。面试一开始，人事经理照例让她们分别做一个自我介绍。

蔡鑫婷说，我今年22岁，刚从某大学毕业，所学专业是英语。浙江人。父母均是高级工程师。我爱好音乐和旅游。我性格开朗，做事一丝不苟。很希望到贵公司工作。

严汀云说，我叫严汀云，今年23岁，刚从某大学毕业，英语专业。我的英语口语不错，曾利用假期在旅行社做过导游，带过欧美团。再者，我的文笔较好，曾在报刊上发表过6篇文章。如果您有兴趣可以过目。

最后，人事经理录用了严汀云。

杨婉君的自我介绍至今让招聘她进入公司的人事经理记忆犹新。

"我叫杨婉君，很多人都以为这个名字是抄袭琼瑶的，不过，的确是先有我这个'婉君'，然后才有了琼瑶的那个'婉君'。"

"我来自广东潮汕地区，会讲潮州话，由于妈妈是客家人，我也会讲客家话，希望在工作当中能够用得上。"

"在今天的候选人当中，我是唯一的非名牌大学毕业生。实际上，我没有考上名牌大学的原因是偏科，高考时数学没及格，可我的文科成绩，在班里一直是前几名。一路走来，虽然经历了很多艰辛，但有很大的收获。在学习方面，我拿过两次三等奖学金。在学校做过新东方职业教育课程的校园代理，我的业绩在20多个学生代理中一直排在前三名，当然了，这和我的危机意识比较浓、热爱学习是有关系的。"

"我觉得大学生活使我学会了与人沟通，可能您会觉得，十个大学生有九个会强调自己善于与人沟通，不过我依然觉得这是我大学里面最大的收获。您从简历上看得出来，我大学时在学生会工作了两年半，从干事一直到副主席，这使我有机会同年龄和背景完全不同的人进行交流，从学生到老师，从学校的领导到校外公司的高层，每一种沟通的方式和方法都不同，从而锻炼了我的言语表达能力和与人沟通的能力。"

"今天我来申请这个职位，主要是因为适合我的专业和兴趣，我喜欢做销售，在大学我卖过手机卡，推销过英语课程，觉得推销成功以后很有成就感。还有，我觉得自己具备推销员的素质，前面我说过，我在大学的推销记录一直是不错的。总的来说，我认为自己非常适合这个岗位的要求，希望能给我一个机会。"

求职者在做自我介绍时，不可或缺的一个内容，就是本次职业转换的动机。本次职业转换要重点强调，求职者参加这次面试的动机，也就是离开原工作单位的原因，以及所应聘的用人单位对自己的吸引力。

　　求职者在介绍自己的特长时，一定要注意与应聘的岗位密切相关。一般来讲，面试官只关注求职者与应聘岗位匹配度有关的事情，所以求职者的自我介绍 80% 要围绕与应聘岗位所需要的专业胜任能力展开；20% 围绕与应聘岗位所需的行为风格来介绍。

　　面试官让求职者做自我介绍，同时也在考察求职者自我介绍内容和递交的简历内容是否相冲突。如果简历是真实的，求职者的自我介绍内容和简历内容就不会有明显的出入；如果简历有假，求职者在做自我介绍时就会漏出马脚。所以求职者在做自我介绍时，最基本的要求就是：自我介绍内容和简历内容要一致。

第四节 越诉苦越得不到同情

在武昌某人才市场的一场招聘会上，某科技公司招聘一名电话客服人员，公布的岗位工资约 2500 元，福利待遇比较好，吸引了不少求职者前来应聘。

一名男性求职者很快吸引了招聘经理徐云峰的"侧目"。这名二十岁出头的小伙坐下之后就开始了自我介绍。他的普通话标准，声音听起来也很有磁性，这让徐云峰几乎暗暗下定决心——就是他了！但是没有想到，小伙子似乎已经打开了话匣子，接下来又讲起了自己的家境不好，正待徐云峰准备打断他时，他开始不厌其烦地说起家乡如何贫困、在武汉读书欠了多少钱、以前的工作工资有多么低……所以非常需要这份工作等等之类的话。说到后来，语带哽咽，声泪俱下。

这一番面试现场的"诉苦会"，硬是让在场的几名考官目瞪口呆，不知如何劝阻为好。最后徐云峰不得不遗憾地放弃了这个小伙子。徐云峰说："我们明白，他其实只是想表达自己坚强不息的努力精神。但面试是公司为招聘人才而设的，不是求职者示弱、诉苦的平台。过于强调你的苦难对判断你是否能胜任这份工作没有什么帮助。"

求职不是救助会，更不是诉苦的平台。一些求职者在面试时没有摆正自己的位置，在面试考官提问时，就借回答问题之际大倒苦水，或突然情绪失控，讲述自己曾经历种种不幸，家庭负担太重，急需这份工作等等。以为这样能博得面试考官的同情，却不知这样做不但得不到同情，反而会引起面试考官的反感。

一位求职者在一家事业单位工作，她去应聘一家外企公司的会计岗位，各方面条件都符合，她顺利进入了面试。单位人事主管提了许多问题，她都对答如流。最后主管问：你为什么跳槽到本公司来？这个问题一提出，她就向主管大倒苦水，她们单位的领导如何不可理喻，经她提出后，她又遭到领导的报复等等，这些话让主管大皱眉头，便让她回去静候消息，当然，她再也得不到这家公司的录用通知了。

其实，这位求职者对人事主管倒苦水，是为了表明自己办事认真，坚持原则的工作作风，以赢得人事主管的好感。但事实上，这些话并不适合对陌生人，特别是对面试官说。因为面试官对求职者只有初步的印象，一旦求职者向面试官诉苦原来的工作单位不好，面试官就会认为求职者缺乏企业荣辱感，不能和企业同命运，没有基本的职业道德素养，今后求职者离开应聘公司时，也有可能会说这家公司的不好。

在听到求职者的诉苦时，面试官不可能设身处地从求职者的角度看待事情，他们会理智地分析，甚至会怀疑求职者是不是一个心胸狭隘的人，在为人处世方面存在缺陷。甚至他们会认为求职者情绪波动大，而且难以控制，在工作中较难与领导、同事、客户相处，从而拒绝求职者。

在生活和工作中，有的人只要遇到不顺心的事情，就会习惯性地向别人倒苦水，总是希望能获得他人的同情，能替自己化解困难，结果可想而知，只会引起朋友和同事们的反感。而也有另一类人，他们独立自强，再大的困难也不会想到逃避，而是琢磨着怎样解决，这样的人，博得了人们的尊重，即使不向

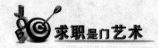

别人求助，也总能引来别人的援手。

　　面试官都希望能招到一些能应对高压力工作的员工，美国一家行政猎头公司的招聘主管Patricialenkov认为，求职者向面试官展现自己控制情绪的能力，几乎和展现自己的工作能力一样重要。

第五节 良言一句三冬暖

　　26 岁的安娜去年研究生毕业，开始了自己的求职生涯。安娜出生在太原一个知识分子家庭，人长得很漂亮，性格开朗，学历又高，按照常理，找到一份不错的工作，应该不是难事。可是，一年过去了，面试的几家公司都没有录用她，安娜的父母、朋友都有些想不通。

　　安娜最近一次求职，是去省城一家高档购物中心面试楼层主管，当时主考官问她对时尚的认识，安娜回答："你们难道没有看到吗？在眼前的我就是时尚。作为一个 80 后的代表，我从头到脚的着装就代表着一种时尚。像你们每天在这座大厦里的人，看到我的气质就应该一下子拍板，认定我就是最适合在这里工作的时尚达人，怎么还会问我对时尚的认识呢？"

　　据安娜说，当时其他面试者有许多问题，还有许多现场演示，但她自己都不明白，自己为什么只回答了一个问题以后，就被请出去了。

　　事后，经过了解，曾经面试安娜的主考官说出了事情的原委："姑娘漂亮、洋气，学历又高，说实话，当时看她简历的时候，我们人事部几个人都相当看好。可见了人以后，才发现说话实在太冲，过于自信有时候就是自负。首先，她对面试的前辈们没有礼貌，一

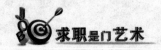

些该有的礼节问候都没有。再有，也不应该锋芒毕露，低调谦虚才是一个职场新人让大家喜欢且容易接受的品质。"

　　求职者参加一场面试，如果用人单位面试官对求职者微笑相对，整个面试过程都礼貌有加，求职者就会感觉到面试官具备优秀的职业素养，会对这家用人单位的企业实力、员工待遇、工作环境等进一步产生良好的想象。同样的道理，如果求职者在面试时遵守礼仪，礼貌用语，谈吐得体，就会让面试官对求职者加深良好的印象，愿意进一步了解求职者的其他信息。安娜在回答面试官的问题时，说话太冲，咄咄逼人。缺乏基本礼仪的谈吐，导致面试官已经没有兴趣花时间了解安娜的专业能力和其他情况，于是终止了这场面试。

　　面试谈吐礼仪虽然并没有一定的专业标准，但却是一场面试中对求职者最基本的要求。一般一场面试只有短短的半个小时，在这半小时内，面试官会敏锐捕捉到求职者的一言一行，谈吐礼仪，从而分析求职者是否具备适合应聘工作岗位的综合素质。

　　尤其是应聘服务性行业的求职者，一般来说，面试官提出问题时，求职者回答的内容并不是面试官最关注的，面试官观察的是在这个过程中求职者的举止表现，谈吐礼仪。通常，有礼貌、善于与人沟通的求职者比较适合从事服务性行业的工作。安娜应聘一家高档购物中心面试楼层主管，这是一份服务性行业的工作，而安娜说话太冲、咄咄逼人的谈吐表现了她并不适合与客户沟通，从事服务性行业，这才是面试官最根本拒绝她的原因。

　　刘红是个比较内向的女孩，平日为人处事比较得体。一次，刘红在一家公司接受面试，临近尾声时，面试官对刘红的表现给予了正面评价，言语之中颇有欣赏之意。也许是面试官今天心情特别好的缘故，竟开始介绍起公司的基本情况与发展前景来。小红一高兴便分了神，也开始憧憬美好未来。看到她分神，面试官心里很不舒服，感觉这个女孩太没有礼貌，就又多问了她几个问题，最后，面试官说了一句"很遗憾……"

　　夏恩没有想到，在毕业生挤破头争一份工作的年代，她居然因为一个有礼貌的招呼而被录取了！

　　那是一家小型的私人贸易公司，夏恩应聘的职位是招商部经理助理。面试当天她到公司时，因为公司员工都外出吃饭了，她在公司里等，然后一个中年男子和一个女孩从外面办事回来了，夏恩主动起身很有礼貌地微笑着和他们打招呼。

　　面试夏恩的是该公司的招商部经理，面试问话很简单，面试过程不到 20 分钟，最后经理说在三天内给她答复，第二天夏恩就接到了录取通知的电话。

　　然后是接受总经理的会见，夏恩一见总经理就感觉有些熟悉。直到上班后，夏恩才知道她被录取的重要因素是，她面试当天起身打招呼的对象，就是这家公司的总经理和他的妹妹（也是这家公司的会计），后来招商部经理拿着夏恩的资料问总经理觉得她怎么样，总经理和他的妹妹都很高兴地推举了夏恩，觉得夏恩是一个非常懂礼貌的女孩子。后来夏恩在那家公司一做就是四年。

　　夏恩的朋友们都认为夏恩太幸运了，所以得到了这份工作。但是资深人力资源总监何玉认为，在面试时一些很微小的细节也能决定求职者面试成功与否，有礼貌的谈吐能让对方感觉到如沐春风，给面试加分。甚至在关键时刻会像夏恩的求职经历一样，达到出其不意的效果。

一句优美动听的话语能起到改善人与人之间关系的积极作用,而锋芒毕露、咄咄逼人、不礼貌的谈吐是令人讨厌的。尤其是对于求职者来说,一句不得体的话语会让面试官对自己产生不好的第一印象,接下来的面试质量可想而知。在整个面试过程中,求职者要注意谈吐技巧,措辞要贴切,提问、发表意见需掌握分寸。在适当的地方更要采用一些礼貌语言,例如"您好"、"谢谢您"、"我仅仅只是觉得……""再见"等等用语。

第六节 面试不是辩论赛

张付云曾在大学里担任学生会主席、文学社团负责人等多项职务，还是学校辩论赛最佳辩手，思维活跃，社会活动经验丰富，工作三年给领导和同事们的印象是：自信心太满，骄傲自大。虽然张付云有所耳闻，但是他不以为意，甚至觉得这是别人嫉妒他的工作能力。

从前一家工作单位辞职后，张付云很快收到一家知名企业的面试通知。这是他经历过的最正规的一场招聘，当时投简历的有两百多人，最后一起杀进面试的有20多人。

那天面试时，张付云来到公司，被分到四人一组集体面试。面试官准备了一些发散性的问题，并请大家分别回答。张付云心想，要脱颖而出，必须表现得更积极。所以当考官每说完一个问题的时候，他总是抢在别人前面，比别人多说两句。

当时，面试官问："如果你的同事中有那种不那么好沟通的人，你怎么办？"当考官话音刚落地，张付云便抢着回答上来："我觉得每个人都有自己的个性，在不违反工作的前提下，最重要的是好好工作，不需要去勉强。"随后的问题中，大部分都是张付云抢着回答的，似乎有些咄咄逼人，甚至是屡屡打断面试官的提问，指出面试官的错误等等。但当时他想着面试本来就是表现自己的机会，

155

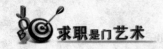

也就没在意。

面试结束后，张付云还自我感觉良好。一个星期后，他接到通知，不用去参加复试了，因为该公司需要的是注重团队合作的员工，而不是急于表现自己，目中无人的员工。

有的求职者为了获得面试官的好感，就会展现出能言善辩的优势，试图通过语言的攻势来征服对方，认为这样能充分展示自己的专业知识和应变能力，于是在面试过程中"以我为轴"，夸夸其谈，没完没了；不分场合指出面试官的错误，并和面试官现场争辩得面红耳赤；爱抢话或爱插话，甚至面试官的问题还没有问完，求职者就明白了对方想提的是什么问题，而匆匆打断面试官进行回答。求职者和面试官双方展开了一场激烈的"辩论赛"，一较高低。这样的表现方式其实是不可取的。

不能说一个人爱抢话或爱插话都是浅薄的行为，但人们往往非常讨厌这种现象，认为这个人极为骄傲自负。

在求职面试时，无论自己的见解是多么卓尔不群；无论别人对自己的看法或观点有多大的偏差，在对方把话说完之前，千万不可抢话、插嘴，这也是对面试官最起码的尊重。

因为即使赢得了这场"辩论赛"，却失去了一份好的工作，可谓是因小失大。面试的目标不是在谈话中取胜，也不是开辩论会，而是要得到工作。如果求职者在谈话中过于和面试官针锋相对，使得面试官对自己很伤脑筋，认为自己"根本不是来找工作的，而是故意来找碴的"，可想而知，面试的结果将会是多么糟糕。

刘资阳被朋友们戏称为"常胜将军"，因为刘资阳自从从前一家公司辞职后，截止目前已经参加了不下二十场面试，结果都没有被录取。

刘资阳在每一场面试过程中都会和面试官展开一场激烈的"辩

论赛"，最后结果往往都是脸红脖子粗的他赢得了"辩论赛"，面试官被口若悬河、口才了得的他争辩得哑口无言，甘拜下风。但是每一次赢得了"辩论赛"却都没有被录用，这让他很是不解，甚至越来越忿忿不平。

　　一家大型工具书的编委会徐主任主动打电话给刘资阳，看中了他与招聘岗位相吻合的工作经验，约他面试。面试一开始，刘资阳就打开了话匣子："我在大学时成绩优异，多次在演讲比赛中得奖，我有着丰富的实习经历，有一家大公司曾想和我签约，但我觉得该公司升迁缓慢，不利于我的个人发展……"自信满满的刘资阳花了二十分钟的时间充分展现自己的口才，希望可以捞足"印象分"，眼见这位徐主任的脸色越来越难看，最后终于忍不住频频作出"停止"的手势，但刘资阳收敛一会儿后，当徐主任说话时，他因为有不同的见解又立马打断了徐主任的话，咄咄逼人，滔滔不绝起来。谈话中刘资阳纠正了徐主任的不少错误，诸如对中文词汇的读音和语句逻辑性方面的语法错误，让徐主任很不自在。刘资阳又大谈特谈投稿后，文章发表后的成就感，名字变成铅字时的飘飘然，谈得眉飞色舞，徐主任的表情却越来越凝重，最后对刘资阳说："我们这儿庙小，容不了大菩萨，您到这儿来是屈才了，另谋高就吧。"刘资阳哑然，一时弄得他下不来台。

　　求职者抢话、插话，往往导致下一步就是和面试官展开一场"辩论赛"，如果面试谈话变成了"辩论赛"，这样的面试还叫面试吗？一位求职者在面试时一直用争辩和反驳的语气："为什么不是这样！""我有我的见解，不管你怎么想。""你真是大错特错，怎么会这样看待这个事情！"这种争辩或许能表现出求职者的才智、机灵、推理能力和说服能力，虽然在某个细节上争得了"面

子"，殊不知就在争得了"面子"的同时，面试官从大局考虑，为了公司将来能得安宁，已经决定放弃录用这位凡事都要争上风的求职者了。

第七节 没有问题表明"有问题"

屡屡鼓起勇气，屡屡惨遭失败。已经经历了七次失败面试的郑佳雪始终想不明白，她到底在面试的哪一个环节说错了，或是做错了什么？

郑佳雪说，每每在经过一番谨慎而又紧张的面试后，郑佳雪总会听到面试官以一种看似自然而又礼貌的口气问她，"今天的面试就到这里吧，不知您还有没有其他的问题要问？"每当此时，郑佳雪总会条件反射地礼貌回答"没问题"。其实，郑佳雪的心里对用人单位是有许多疑问的，但是因为她太需要这一份工作，怕问得太多会给面试官产生不好的印象，所以她不敢问。

最近一次面试结束后，那位给郑佳雪留下了和蔼、亲切的印象的面试官给她打来了电话，虽然也是很抱歉地告诉她她没有被聘用，但是这位友好的面试官给她透露了一个信息，让她恍然大悟。

原来，在每一场面试即将结束时，面试官看似随意问出的那句"您还有什么问题吗？"其实也是在对求职者进行考核、观察，如果求职者是真的用心，就会认真提出自己的问题，向面试官传递这样的信息：我非常期待这份工作，想要了解与这份工作有关的事情，以便于很荣幸被录用后能尽快、更好地展开工作。就会给面试官留下积极、良好的印象。

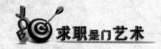

　　面试接近尾声时，面试官往往会对求职者提出问题："您还有什么问题要问吗？"一些用人单位面试时甚至设置了 3 ～ 5 分钟的提问时间。看似平淡无意的一句话，其中却隐含着"大文章"。如果回答"我没有问题""我还没有想过"，就会让面试官怀疑求职者求职这份工作是否用心、真心诚意，从而为面试成绩降低分数。

　　一般来说，面试官提出"您还有什么问题要问吗？"无非想要了解求职者三方面的信息：

　　一是求职者对应聘单位、应聘岗位、行业是否有了解。不了解的求职者多半会提出诸如"请问贵公司是干什么的？""您让我来干什么？"等等问题；

　　二是通过求职者的提问，再结合求职者之前的表现，进一步判断求职者的思维深入性与全面性。有的求职者急于表现自己会提出"请问贵公司战略方向在哪儿？""贵公司未来发展方向是什么？"等等只有公司高层才能说清楚的问题。这种问题既不是面试官能解答的，也和求职者没有切实的利益关联，问出来多半会被认为是不切实际；

　　三是了解求职者真正关心的点。提问题的角度和顺序有时直接反映了求职者真正关心的东西。反复问及薪酬可能对钱很关心，问及福利情况的求职者多半更重视稳定性，问及职位晋升路线的可能比较注重个人发展和职位前景。

　　求职者在被问及"您还有什么问题要问吗？"，不要回答"没有问题"；有问题时最好随机应变、审时度势、适当提问、理智回答，既不能表现得太过于随意，显得自己是无心之问；更不能表现出过分热切和过分迫切的心情。

　　经过 3 年的磨练，罗小冉觉得自己各方面的工作技能都有了显著提高，尤其是英语水平突飞猛进。当罗小冉在报纸上看到一家 500 强外企在招聘部门经理秘书时，信心十足地认为以自己的学历和工作经历，以及英语水平，这个职位非她莫属。但是罗小冉没有想到，她在面试环节的前 30 分钟里表现得都算不错，然而却栽在了最后 5 分钟的"提问环节"上。

最后 5 分钟，是罗小冉对面试官的提问时间，但是罗小冉最后 5 分钟的提问让面试官啼笑皆非。罗小冉问道："我只想提两个问题：一，听说贵公司遭受金融风暴的打击较深，这一季度公布的财报不是很好，请问公司有什么对策？二，最近你们的竞争对手 XX 公司出台了一系列推广新产品的市场活动，收效很不错，而你们的新产品却迟迟没有推出，请问贵公司在新产品推广上是怎么考虑的？具体有哪些市场推广计划呢？"

面对罗小冉的提问，面试官很有礼貌地笑了笑，用标准的公关辞令回避了这些问题。罗小冉在面试之后感觉很好，却一直没接到对方公司的复试通知……

罗小冉提出这两个问题，其实是想表现她对用人单位的充分了解，在面试前做足了准备工作，她认为这样的表现能让面试官对她刮目相看，产生深刻的印象。但是她提的问题太过尖锐，完全是站在高管或者媒体记者的立场上，自然会令面试官啼笑皆非。甚至会让面试官猜测，罗小冉的关注点并不在于这份工作本身，而是另有目的。

聪明的求职者往往能在最后的提问环节，再次展示自己的实力和对职位的兴趣。一位求职者面试时，当被问及"你还有什么想了解的吗？"她的回答给自己加分不少。她礼貌地说："首先，我想再次重申对贵公司职位和职位的理解，我的理解是……我认为自己有以下几点能够胜任这个职位的优势……您感觉其中有什么偏差吗？请帮我纠正，谢谢！"她的回答让面试官了解到她为此次机会做过充分的准备，让这个在笔试中只是中等得分的求职者为自己赢得了复试的机会。

　　"求职是双方互相挑选的过程，求职者要拿出自信。对方挑你，你也在挑对方。"上海微创软件有限公司的培训和发展经理姚洁红说道。大多数求职者在面对"您还有什么问题"时选择回答没有问题，源于他们心中的不自信。迫于当前巨大的就业压力，很多求职者在忙于寻找机会、展示自己的时候，往往忘记了面试时他们还有考察公司的"任务"。其实，求职者应该勇敢、理智、贴切地提出自己的问题，进一步了解自己想要的信息，以便于判断自己是否真的需要这份工作。

第八节　"谈谈你的优点和缺点"

法律专业毕业的李晓晴，跟随男友到北京做了一名"北漂"。在遭遇求职法律相关工作岗位屡屡失败、两位的"北漂"生活越来越艰难后，她决定降低期望，从文员、文秘等岗位做起，以暂时解决基本生活问题。

很快她得到了一个面试机会，这家用人单位是个广告公司，招聘一名办公室文秘。面试的前一半过程还算顺利，面试官也没有提出一些难度大、刁钻的问题来考察她，李晓晴心里有些兴奋：看起来这场面试非常顺利！

这时，面试官微笑着对她说了一句话："谈谈你的优点和缺点吧！"

李晓晴一愣，紧接着说："优点……优点就是勤奋、踏实、能吃苦吧？"因为紧张，她微红了脸，话末还抬头瞄了面试官一眼。

"那你的缺点呢？"

"缺点……"李晓晴更结结巴巴了，"缺点……缺点……就是我没有文秘工作经验……"她的声音越来越小。

面试官不置可否，依然微笑着，李晓晴忙补充道，"虽然我没有文秘工作经验，但是我很能吃苦，很勤奋，学习能力很快的……"

面试官轻轻地摇了摇头。李晓晴的心跌入了谷底。果然，虽然

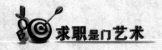

面试官礼貌地对她说让她回去等消息，但之后就石沉大海。

在求职过程中，"谈谈你的优点和缺点"问题，和薪酬话题一样，都是面试中的敏感问题。世界上没有十全十美的人，每个人都有优缺点，这个问题放在日常生活中自然无可厚非。但在面试中，求职者回答这个问题却非常棘手，因为无论做什么样的回答，都有可能会引起面试官的质疑和警惕，甚至是否定。

关于优点。大多数求职者认为，这个问题太容易回答了，因为无论回答什么优点都能向面试官传递正面、积极的信息。于是他们不加思索就说出了一连串优点：勤劳、踏实、诚实、能吃苦……

一位人事经理说道："当我和求职者谈论到优点这个话题时，他们的优点太多了，有时甚至前后矛盾，不合逻辑。其实一个人的优点有很多，此时不应该——列举，而要注意优点要与胜任应聘岗位所具备的能力和品质相匹配。比如：应聘策划、推广岗位就要把自己有丰富想象能力的优点告诉对方；应聘三班倒的工作就要表示自己能吃苦、能接受加班……等等。"

在面试中，求职者所陈述的优点必须是有效的优点。

夸大、编造优点，吹嘘自己的方式更不可取。曾有三位研究生参加江苏电视台的一场面试，其中一位吹嘘说他对吴地文化研究非常深，甚至举出几个文化名人。哪知面试他的电视台台长正好是苏州人，反问了他几个问题，结果一个也答不上来，最后被淘汰。夸大、编造优点，吹嘘自己并不是展示自己的优点，而是在附加自己的缺点。

关于缺点。微软中国研究院院长李开复博士说："在应聘中，很多人都担心会暴露自己的弱项，我觉得每个人应很忠诚地回答这个问题，但要说明我在进步，当一个人知道自己的弱项而学着进步的话，这对我来说是一个很好的事情，不管他是什么弱项。"

如果面试官向求职者提出这个问题，求职者应该如实回答。但是回答缺点的同时，要把它转换成一种好的东西，就是坏事变好事的转换。在案例中，李晓晴实事求是坦白自己没有文秘工作经验，然后戛然而止，面试官的注意力就会落脚在她"没有文秘工作经验"的问题上。如果李晓晴冷静地阐述："缺点是我没有文秘工作经验。学生时代的经历几乎是从一所学校毕业就又到一所新的学校读书。我想利用在学校的时间踏踏实实地多学点今后有用的知识。希望我的这些不足能够在贵公司的实际工作中得到改进！"就会转移面试官的思维方向，而停顿在"学习有用知识"正面、积极的信息层面上。

　　王先生应聘某公司人事专员职位。在面试过程中，面试官要求他谈谈自己的优点和缺点。

　　面试官："请谈谈你的优点？"

　　王先生："好的，我认为自己最大的优点是非常细心、耐心，而且善于协调人际关系。相信每个人都有自己的天赋，而我从小就喜欢与人打交道。在交往中，我非常擅长于发现和理解不同个体的想法。读书期间，我一直担任大大小小的干部，主要的职责就是处理好班级事务与人际关系，小小一个班级，如同一个小公司，会有很多烦琐的日常工作和微妙冲突，我总是能很耐心地完成每项工作，协助老师了解同学最新的思想动态，帮助大家更好地学习与生活，迄今为止，还有很多同学有了烦恼就找我商量倾述。"

　　面试官："那么，再谈谈你自己的缺点？"

　　王先生："我的缺点可能是有那么一点多愁善感，因为善于体察别人的感受，所以有时候难免会为别人着急或者难过，当然，这在工作中未必是好事，有些情况下是需要决然一些的，我相信随着自己的实践经验的丰富，我会更加成熟的。"

　　第二天，王先生就接到了这家公司的录取电话。

在被要求回答"谈谈你的缺点"问题时，一些求职者往往自作聪明，和面试官玩起了"文字游戏"。比如回答"我的缺点是太追求完美"。求职者这样回答，无非是变相表述自己的"优点"，夸奖自己。这是"路人皆知"的事情。因为提及率太高，一些HR都或多或少听到过这样的回答。现在每听到这个答案，大多数面试官都会产生反感，更别说对求职者的变相的"优点"增添好感了。

第九节 永远不要说前雇主的坏话

杨先生有三年工作经验，业绩突出的他在应聘一家企业时一路过五关斩六将，原本有机会成为第一个被录用的人，没想到却在最后关头突遭淘汰，左思右想都不明白自己到底错在了哪里，于是他将责任归咎于用人单位。一气之下，他打电话向某新闻媒体诉苦，称"这家企业所有的招聘条件我都符合，但最后居然招了一些业务能力比我差很多的新人。现在招聘完全没有公平性可言！"

记者接到杨先生的电话后，为了进一步了解事情真相，他赶到杨先生应聘的该企业人力资源部咨询。负责招聘工作的人事经理接受了采访，并告诉记者：

"其实杨先生的各方面条件都不错，但在最后复试时，我们要求应聘者对原单位的上级或同事作出一番评价，他口出不逊，并且不惜贬低昔日的上司和同事来抬高自己。公司领导当即决定不录用杨先生，最后降低门槛，录取几名工作能力不如杨先生的新人。"

在面试过程中，面试官为了考核求职者的综合素质，会提出请求职者谈谈对前雇主的评价。一些被前雇主、或与前雇主有过冲突和不愉快经历的求职者，往往会据实以告。而这些求职者总是在毫不自知的情况下，掉入面试官设置的"语言陷阱"。

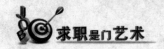

　　HR张小姐讲述了发生在自己身上的一则经历。一年前，她刚刚踏上人力资源工作岗位，面试了一位求职者。初涉"面"场，毫无经验的张小姐依照人事主管为她罗列的面试问题向求职者提问。当她要求求职者谈谈前雇主时，求职者立马表现出一副苦大仇深的模样，控诉原工作单位有多么缺乏人性化管理，领导们个个都是"周扒皮"……虽然他的表现有些夸张，但是HR考虑到他的各方面条件都不错，而且他的这番话也没有与新工作相冲突，于是录取了他。没想到不到一年，这位求职者又跳槽了，并在与新雇主面试时同样"咬牙切齿"控诉了前雇主，却被新雇主一口回拒。张小姐得知这个情况后，在以后的工作中，对那些面试时说前雇主坏话的求职者都提高了警惕。

　　面试时，求职者对用人单位控诉前雇主，说前雇主的坏话，不仅不会给用人单位留下"诚实"的印象，反而会引发面试官的诸多猜测：求职者的沟通能力是否有问题？求职者是否不注重团队合作？不能和领导、同事友好相处？甚至引起面试官的怀疑："你今天可以在我面前如此评价过去的老板，是否明天就会同样在别人面前这么评价我呢？"

　　公正客观地评价前雇主，不但有利于树立求职者的职业形象，更重要的是，可以维护前雇主的声誉。这样，无论日后求职者的个人发展如何，前雇主都会记得求职者的良好职业素养，更有利于求职者和前雇主打交道时建立良好的关系。一位应聘销售岗位的求职者，在面试时添油加醋讲述前雇主的"恶劣事迹"，以证明自己在前雇主单位怀才不遇。在进入新单位后才知道，前雇主单位竟是新单位的目标大客户之一，于是这位求职者失去了发展前雇主成为大客户的机会。

　　小张之所以能得到新潮公司的面试机会，一是因为简历里明确展示了自己应聘新潮公司Java程序员的长处，二是新潮公司也想具体了解一下龙骨研发总监向阳阳的情况，小张之前就在这家公司研发部实习。

龙骨是家大型IT企业,而研发总监向阳阳更是业内出了名的"疯子",以三件事闻名于"江湖":

1. 喜欢在全体会上当面挖苦他认为不称职的下属——数次导致项目组集体出走;

2. 把开发例会开至凌晨4点、转天全体继续9点上班——被称为没人性;

3. 不考虑实际情况、随意变更研发进度——"瞎指挥先生"是向阳阳的外号。

当新潮问到:"你已离开了实习的公司,请你给他们公司提个建议,哪方面最需要改进。"其实,新潮是想听听前研发部员工是如何评价龙骨公司研发总监向阳阳的。

小张:"龙骨公司是我接触的第一家公司,向阳阳作为有多年开发经验的技术管理者,技术实力是非常强的,在那里我学到了很多东西,让我明白社会和学校有哪些区别。短短3个月我提高和进步还是很多的。如果不是后来公司搬到南边,我一定会在龙骨转正成为正式员工的。"

听到这里,新潮干脆直接问出了想了解的:"关于向阳阳业内有很多负面的传闻,比如开会开到天亮第二天还要准时上班,开会大骂技术人员,这都是真的吗?

小张微笑着说:"我听同事们说过,应该是真的。每个人都有自己处事的方式和原则,向总的方式可能比较简单粗暴,但核心目的还是希望员工能进步或者跟上队伍。好事不出门,坏事传千里,业内消息更多传闻向总是如何变态的,但是很少提到他是怎么亲自指导开发,细心引导技术人员解决问题,让技术人员更快成长的。在这点上,我觉得向总其实是一位非常负责的领导,而且,我从他身上学到了很多的东西。"

小张灿烂的笑和开放的心态为他在面试中加了分。新潮很希望

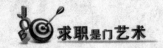

这样的同事能加盟公司，公司里多些开朗向上的同事，工作氛围会更好。

著名演员葛优在电影《手机》中有一句台词——"做人要厚道"。可以说，所有的企业都希望员工对公司忠诚，作为用人单位，当然不愿意聘用那些过河拆桥的人。求职者为了得到新工作，甚至不惜贬低别人来抬高自己，这是一种极不负责的做法，必然会引起用人单位的反感和拒绝。

第六章

求职攻心艺术——攻心为上

"攻城为下，攻心为上。"——孙子兵法。

什么叫攻心？即"从精神或思想上瓦解对方，使其心服。"攻心计是实现成功销售最重要、最关键的计谋之一。这是一条至高无上的原则！

求职屡屡失意的你曾有多次这样的经历：面试时，严肃的面试官坐在你的对面，他高高在上，遥不可及，无形之中在双方中间开辟了一条"鸿沟"。隔着这条"鸿沟"，你们死气沉沉地一问一答，句句都点到为止。你猜不透高深莫测的面试官在思考什么；而面试官也看不出言语和举止都平庸的你具备哪些独特的才能。

面试是一场求职者"自我销售"的过程，掌握求职攻心艺术，就能出其不意，步步攻心，在面试中瓦解对方的气场、戒备，最大程度引起对方对你的兴趣，直至心甘情愿越过这条"鸿沟"，探寻发现你更深层次的才能和品质。

如此，你的面试目的也就达到了。

可是职场终究区别于战场，战场上的攻心计，是要将敌人逼得无路可退，俯首称臣；而面试中的攻心计，倘若不能运筹帷幄，适当运用，反会逼得面试官勃然大怒，拂袖而去，弄巧成拙。

在面试中，攻心是一种艺术。求职者充分掌握这门"攻心术"方能事半功倍，无往而不胜，甚至在最后扭转乾坤。

第一节 把你的弱点变成卖点

卢凌军是北京中关村一家软件经营公司的"销售之星"，听说一家外资软件商社正在招聘客户经理，他便前往应聘。在众多申请者中，他是唯一没有管理经验的候选人。没有"客户经理经验"，这可是应聘者的致命"弱点"。

"这一关要是过不去，我就死定了。"卢凌军说，"但既然敢来应聘，我就有信心做好这个职位。虽然我没做过客户经理，但是我一直是'客户代表'，想到这儿，我突然心里一亮：我可以把弱项转化为卖点！"

轮到他面试了，考官问："我们看了你的简历，你是众多申请客户经理职位的应聘者中，惟一没有管理经验的候选人。你能否就此谈谈？"卢凌军答道："在我过去五年的职业生涯中，我曾经连续四年被评为'销售之星'，公司里只有业绩最好的客户代表才会获得这个荣誉。这些年我曾经遇见过称职以及不称职的客户经理，我想我可以从客户代表的角度来思考问题，因为我曾经亲身经历过这些情况。我知道客户经理应该具备那些素质，而且深切地了解作为一名客户代表应该被如何对待，以及怎样能够激励他们。我相信自己能够胜任客户经理职位，因为客户代表会把我当作自己人看待，管理上我也会身体力行，而不是纸上谈兵。"

"你以前在工作中出过错吗？"

"有的，我刚参加工作时甚至还出现过比较严重的错误，但我从中吸取了很多教训，我想我现在可以做得更好。我还认为，一个从没有出过错的销售往往是害怕承担风险的人，开拓进取的精神也不会很强烈。关键是一个人出了错是否有勇气承认，并从过往的错误中吸取教训。"面谈持续的时间很长，考官还问了很多其他问题，但是第二天卢凌军就接到电话，他被录用了。

在求职过程中，学历、专业、工作经历、性格……等等都有可能是求职者的"弱点"，是求职道路上的绊脚石。这些在短暂的时间内无法改变的"弱点"，让大多数求职者面对一份心仪的工作望而生畏，无可奈何，选择"绕道而行"，甚至越来越缺乏自信，自然难以找到一份好的工作。只有少数聪明的求职者懂得如何淡化自己的弱点，甚至将弱点变为卖点展示在用人单位 HR 的面前，为自己求职锦上添花。

案例中卢凌军虽然没有用人单位要求的客户经理工作经验，但是卢凌军避重就轻，故意把自己缺乏客户经理工作经验的弱点轻描淡写一句带过，重点阐述了自己曾四年被评为"销售之星"，是公司里业绩最好的客户代表，因而"深切地了解作为一名客户代表应该被如何对待，以及怎样能够激励他们"，能够胜任客户经理的职位，而不是纸上谈兵。卢凌军成功转换了面试官的思维方向，对他产生了极大的兴趣，将自己的弱点变成了卖点，最后为自己赢得了这份心仪的工作。

Rebecca 是复旦大学社会学专业的应届毕业生。虽是名校出身，她的求职路途却并不一帆风顺。"什么？社会学？你怎么没去当社工啊。"招聘会上投递简历，这是最常听到的话。

在求职过程中，Rebecca 觉得自己仿佛是"万金油"，常被列入备选名单，与理想岗位擦肩而过。如何才能找到非己莫属的岗位

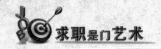

呢？Rebecca 进行了分析，认为大型市调公司实习的经历和专业的统计分析理论是她的长处。

当某外资房产咨询公司开宣讲会招聘投资分析初级研究员时，Rebecca 递了简历。面试不甚紧张，接下来的实习却是白热化的竞争。筛选比例 3:1，个个出自名校，专业比她对口的也不少——比如学投资经济的。经过两个月的实习和严格的考核，Rebecca 最终入选，除了因为她自信，更因为她努力。别人一周实习 2-3 天，她实习 4 天；实地调研，初期取得的数据与后期差别很大，她就把前期调研的商铺又跑了一遍，尤其是她的分析报告，让公司领导非常满意。

她说，面对"社会不知社会学"的状况，她的第一步攻略便是"先发制人"。

"专业不热门，又怎么样！我不要遮遮掩掩，在做简历和面试的时候，我明明白白告诉别人我从社会学学到了什么。通过把中规中矩的八股简历调整为有所侧重的个性表达，我获益良多：简历石沉大海的情况少了，招聘现场询问我到底学什么的少了，面试时让我谈特长的也多了！"

"应聘自己喜欢的工作岗位，专业不对口又怎么样？我利用我的社会学知识，不仅做了一份公司设置了要点的完整的分析报告，还作了更仔细、更深入的分析，提出了独到的见解。就这样，我把'弱项'化为了'卖点'！"

求职攻心计之一：在求职过程中，如果求职者的条件不能完全符合应聘的职位硬性要求，如户口、学校等，但是自己又比较适合或十分喜欢这个职位，提供模糊信息是经常被采用的方式。

对信息进行模糊化，既避免了弄虚作假的嫌疑，也会促进用人单位 HR 被求职者展现的其他亮点所吸引；对于一份求职者认为完全可以胜任的工作，如果求职者的学历同用人单位招聘要求相差甚远，可在求职时省略或淡化描述教育背景，突出自己拥有丰富的工作经验，这样就有可能将自己的弱点变成卖点，成功转移用人单位 HR 的思维方向，从而获得一份心仪的好工作。

　　很多工作经验缺乏的求职者，包括应届毕业生，通常择业都有困难，因为用人单位一般都会录取那些有一定工作经验的求职者。在这种情况下，求职者可以强调自己的适应性来弥补经验的短缺，技术履历能帮助自己表现最光彩的一面。比如突出"刻苦学习"、"领悟新知识快"、"愿意出差和调职"、"愿意在晚上和周末工作"，可能会打开局面，引起用人单位的注意。

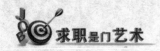
求职是门艺术

第二节 识破面试官的"攻心计"

　　作为美国环球广告代理公司的中国办事处，雅利安公司因为业务需要正准备在中国招聘4位高级职员。最后的面试由贝克先生主持。贝克先生是全球闻名的大企业家，从一个报童成长为美国最大的广告代理公司董事长、总经理，他的经历充满了传奇色彩。几位进入复试阶段求职者中的Ｘ先生一连几天，从英语口语、广告业务及穿戴方面都做了精心准备，以便向贝克先生顺利"推销自己"。

　　复试是单独面试。Ｘ先生一走进小会客厅，坐在正中沙发上的一位老外便站起来，正是贝克先生。戏剧性的一幕发生了："是你？你是Ｘ。"贝克先生用流利的中文叫出了Ｘ，并且快步走上前来。"我找了你好长时间了。"贝克先生一脸的惊奇，并激动地对在座的另外几位老外嚷道："先生们，向你们介绍一下，这位就是救我女儿的那位年轻人。"

　　震惊之余，Ｘ先生的心开始狂跳，脑子高速运转着。贝克先生继续热情洋溢："很抱歉，那天我光顾着女儿了，没来得及向你道谢。"

　　Ｘ先生回过神来了，抑制着狂跳的心，说道："很抱歉，贝克先生，我想您是认错人了，我没有救过您女儿。"

　　贝克先生继续说："肯定是你，我记得你脸上有颗痣，年轻人，你骗不了我。"

"贝克先生，我想肯定是您弄错了。我没有救过您女儿。"X站起来，肯定地说。

看X说得坚决，贝克先生愣住了。忽然，他又笑了："年轻人，我很欣赏你的诚实。现在我决定：你被录取了。"

几天后，X先生与新同事聊天，问起贝克先生女儿的救命恩人是否找到。同事一愣，随即说："哦，有7个人因为贝克先生的女儿被淘汰了，可是，贝克先生根本没有女儿。"

一般情况下一场面试只有半个小时甚至更短的时间，在这短暂的时间内面试官会通过观察求职者现场所表现出来的每一个细节，以确定求职者是否是该岗位最佳的人选，所以在面试过程中，面试官问到的每一个问题都是在观察和考验求职者，所谓"箭无虚发"。

面对面试官提出的一些比较常见的问题，求职者可以"见招拆招"，坦然对答。但是一些面试官往往会想出别出心裁的问题来考验求职者，求职者一个不慎，就会掉入面试官设置好的"圈套"，也就是面试官的攻心计。

案例中的X先生在面试时面对贝克先生的攻心计，巨大的诱惑让他一时心情激动，但最后他理智地用自己的诚实回答了贝克先生的问题，让贝克先生对他的人品大加赞赏。进入复试阶段的几位求职者无论管理能力、工作经验等等都不相上下，难分伯仲，在这种形势下往往求职者表现出来的一个细节，就会成为被面试官选择的理由。所以被贝克先生欣赏有加的X先生被当场成功录取了。

求职攻心计之二：在面试过程中，聪明的求职者不仅能应势对面试官适当施展攻心计，更要提防面试官对自己施展攻心计，谨慎对待面试官每一个看似无意的问题，提高警惕，避免陷阱。

顾相渺前去应聘一家国企的财务经理，面试过程中面试官已经表现出了对顾相渺的赏识，有初步录取的意向。正相谈甚欢，面试官突然问

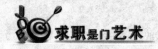

了顾相渺一个问题，"你作为财务经理，如果我（总经理）要求你在 1 年之内逃税 100 万元，那你会怎么做？"顾相渺愕然，随即他立即文思泉涌地列出一大堆逃税方案，并且沾沾自喜，殊不知自己已经上了面试官的圈套。因为面试官抛出这个问题，其实是想测试求职者的商业判断能力和商业道德，可以说，遵纪守法是员工行为的最基本要求，面试官非常遗憾顾相渺没有通过他们的测试，只好放弃了这个其他方面都表现得非常优秀的求职者。

　　尽管夏初凝大学专业是园林艺术，但是从小她就能写得一手好文章，大学毕业后也一直从事广告公司文案工作。最近她应聘一家外企的企划部企划文案岗位，投递个人简历和作品以后，用人单位对她的文笔非常满意，通知她参加面试时，HR 在电话里毫不掩饰地对她表示赞赏，并请她务必准时参加面试，夏初凝心中不免激动起来——看来这份好工作对她来说完全是囊中之物了！

　　夏初凝准时到用人单位参加了面试，面试时她良好的表现更让面试官对她加深了印象。就在面试即将接近尾声时，面试官再次审视了她的简历，突然问道："你是园艺专业？"

　　"是的。"

　　"你的文笔这么好，为什么不选择汉语言文学等方面的中文专业呢？"

　　"是这样的，我从中学开始就比较偏科，语文、英语等文科学得非常好，尤其语文次次考试都是满分，但是数学、物理、化学等理科成绩很差强人意，没有考上重点本科，所以读了大专，我们学校以往几届的汉语言文学专业毕业生就业情况并不乐观，园艺专业就业情况还挺好的，所以选了园艺专业！"

　　面试官若有所思点了点头，很随意地问她，"数学啊，我上学那会儿也经常不及格，你这门功课学得也不好，你觉得这是什么原因呢？"

夏初凝一时感慨，就顺着杆儿爬，回答道，"是的，我也觉得数学真的是太难了，尤其是像我们这样爱好文学的人，完全是不可能把数学学好的……"

面试结束一周后，夏初凝都没有接到通知她被录取的电话，夏初凝鼓气勇气打电话到这家公司询问，却被告知他们已经找到了合适的企划文案，而且已经上岗了。放下电话，夏初凝久久也想不通自己到底在哪一个环节做错了或是说错了什么。

面试官最后问夏初凝的一个问题，看似无意，但面试官问这种问题绝不是在和求职者套近乎，很大程度上他可能是在考察求职者面对问题时所表现出的态度，是从自身查找原因还是喜欢推卸责任。而最好的处理办法是既不推卸责任，也不要一味自责，而是直面现实，巧妙作答。

面对面试官出其不意的攻心计，求职者一要打起精神，高度重视；二要提高警惕，避免陷阱；三要答复得有理有据有节，不卑不亢，就能冷静应对，临危不乱，成功通过面试官的考验。

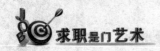

第三节 把你的压力变成动力

罗勤最近经历了一场每次让她回想起来感觉是一场梦魇的压力面试。

面试时，面试官并非一本正经坐在展台里，而是站在展台边，看似亲切地与学生交流。"把你派到大西北工作，车子在戈壁滩上开几个小时见不到人咋办？"

罗勤认真地回答："既然选择了销售这个岗位，我做好了吃苦的准备。而且我对做销售很有兴趣。""销售不是有兴趣就能做的，需要能力。"面试官立刻否定了罗勤的说法。"我想既然有兴趣，我一定会努力做好。"罗勤落落大方的回答得到了围观者的赞许。

可是面试官显然不满意："起码从现在看，我觉得你的能力不行。"罗勤顿时满脸通红："我会努力锻炼自己的能力的。"

"好，那你说销售人员需要具备什么素质？"没等罗勤缓过神来，考官的问题又来了。

"勤奋、刻苦。"

"光有刻苦就行了吗？"

"还有聪明才智。"

"聪明的人太多了。"

"那还有技巧。"

"什么样的技巧……"这一串的问题，让旁观者感觉考官在有意抬杠。5分钟后，罗勤一脸疲倦地从人群中挤了出来。"提问太快了，一串接一串，有20多个问题。我来不及回答，气都喘不过来了。从来没有遇到过这样的面试。"罗勤说。

在面试过程中，面试官提出了一些生硬的、不礼貌的问题使求职者感觉到不舒服，针对某一事项或问题做一连串的发问，打破沙锅问到底，直至无法回答，目的是确定求职者对压力的承受能力、在压力前的应变能力和人际关系能力，这样的面试方式被称为压力面试。

压力面试通常用于对谋求要承受较高心理压力的岗位人员的测试。测试时，面试官可能会突然问一些不礼貌、冒犯的问题，让求职者感到很突然，同时承受较大的心理压力。在这种情况下，心里承受能力较弱的求职者反应可能会比较异常、甚至不能承受，而心理承受能力强的求职者则表现较正常，能较好地应对，甚至将压力变成动力，成功过关。

一位求职者应聘一家集团公司下属公司经理岗位时，他站在竞聘台上，面对诸多提问都一一做了回答。担任主考官的集团老板突然问道：你应聘的这个岗位，是帅才的岗位，还是将才的岗位？你本人是帅才，还是将才？为什么？这个问题让在场的人都倒抽了一口冷气。如果这位求职者回答自己是将才，现任经理还在任，那么多经理不都成了将才？也许他们还认为自己是帅才呢。如果他回答自己是帅才，下边坐了那么多领导考官，会认为他不谦虚。而且无论他自称是什么才，后面肯定都紧跟着一问：为什么？这就是两难问题，都无法收场。

经过两三秒钟的思考后，求职者这样回答：这个岗位（指经理岗位）既是帅才的岗位也是将才的岗位，因为它相对于集团领导层是个将才的岗位，相对于它下面的四五百号员工就是一个帅才的岗位。

接着他又回答第二个问题：如果您要问我本人是帅才还是将才？我想，您把我放到这个经理岗位上，我把帅才也锻炼了，将才也锻炼了。因为，

人才是锻炼出来的而不是培养出来的。这位求职者顺便把第三个问题也回答了，成功将压力转变为动力。回答完毕，全场掌声雷动。

　　小张参加了 XX 公司的招聘会，应聘的岗位是销售员。面试时，几十个求职者被分成 4 人一个小组，每个小组有一个面试官。面试过程很残酷，只要不入面试官的法眼，或是回答不上面试官的问题，就会被邀请当场离开。

　　那天和应聘者小张分一组的是另外 3 个男生，小张刚走到面试官面前还没来得及坐下，面试官只看了他一眼就对他说，他可以走了。

　　小张很震惊，说实话也觉得很没面子，可是他没走，嘴上也没说，心里满满的是不服气。不过，小张觉得当面质问面试官既没礼貌也显得自己很没风度，想等面试结束后再与面试官理论。

　　最后 3 个男生都相继淘汰了，只剩下小张一个人，终于面试官开口了："你为什么还不走呢？"

　　小张的不满终于宣泄了："我觉得您并不了解我，所以我要留在这里给你一个了解我的机会。第一，我非常仰慕 XX 公司，被公司的企业文化和用人理念所吸引，所以投递了一份简历；第二，我今天是应聘者，明天我有可能是你们的员工，更可能是 XX 的潜在客户，可是今天您这样不友善的态度给我留下了深刻的印象，明天我可能不再愿意成为 XX 的潜在客户；第三，你的不友善今天影响了我对 XX 的看法，明天还有可能影响到我所有的朋友对 XX 的看法，你知道，你可能赶走了不少你们的潜在客户！"

　　面试官笑了，对小张的表现非常满意，决定给他一次参加复试的机会。

　　面对面试官设置的压力面试，绝大多数求职者不知道这就是压力面试，而从其他角度来胡乱揣测——面试官不喜欢自己吗？为什么不喜欢自己？并且还能找出很多"佐证"，从而方寸大乱，把自己往绝路上逼。

求职攻心计之三：聪明的求职者往往会"将计就计"，明白这就是压力面试，于是将自己所面临的压力变成动力，无论面试场景多么不友好，问的问题多么怪诞尖锐，都不会紧张，而是坦然应对。

其实在大多数面试官看来，求职者只要从容应对就已经过关了，没指望求职者能回答圆满，或很多问题本身就没有答案，只要不过度紧张，保持一定的逻辑思考能力，把看问题的角度、解决问题的方法与路径，充分表达出来就能给面试官留下良好而深刻的印象。

工作中面临压力是正常的，不过有些岗位要经常面临压力，且压力较大。这些岗位大概分为三类：一是中高级的管理岗位，要面临上下、左右、内外的沟通压力，随时随地来自各方面的压力；二是销售人员，尤其是大客户销售，要直接与客户进行深度沟通，而客户的需求都是变化的；三是特殊专业技术岗位，所面对环境瞬间变化，会产生压力。应聘这三类岗位的求职者都有更高的几率会遇到压力面试。

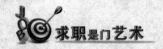

第四节 "糖衣炮弹"的诱惑

宋嘉宁到一家证券公司参加面试，地点就在人事部很嘈杂的大办公室里，宋嘉宁刚刚入坐，面试官就笑着拉开抽屉，拿出一块巧克力给她吃。宋嘉宁顿时不知所措，这可怎么办？老师没有教过面试时怎么应付"糖衣炮弹"呀！她接过巧克力，捏在手里横也不是，竖也不是，吃也不好，不吃也不好。

面试官看了一遍宋嘉宁的简历，亲切地问：你在保险公司实习过？

这问题正中下怀，因为除了这点"丰功伟绩"，宋嘉宁几乎没干过别的工作。于是，她像背书一样把自己实习的事详详细细说了一遍。

面试官也不打断她，等她说完，指着巧克力说：把它剥开吃呀，都快化了。

宋嘉宁才很勉强地剥开巧克力放到嘴里。这时，电话铃响了，面试官赶紧拿起了话筒。就这样，她一个电话接一个电话，一点空都没有。面试就这样结束了。

宋嘉宁的妈妈认得这个证券公司总经理，晚上打电话过去探听。面试的结果反馈过来了，面试官对她的评价是：太老实，不够活络，甚至有些死板，显得能力比较差。其实已经有七位求职者先后经历了这家公司的"巧克力面试"，有三位求职者现场剥开了巧克力，毫不客气地吃了起来；有两位求职者，包括宋嘉宁不知所措，犹豫不决，尴尬地站在那里。最后只有两位求职者成功过关，进入了复试环节。

宋嘉宁没有想到，自己中了面试官的"糖衣炮弹"，一块巧克力就让她失去了一次工作机会。在面试过程中，一些面试官虽然不会用"巧克力面试"方式来观察求职者，但是他们会现场夸奖求职者，采用甜言蜜语"糖衣炮弹"的方式来考验求职者。

"巧克力面试"案例中，三位求职者剥开巧克力毫不客气地吃了起来，显得这三位求职者欠缺礼貌；宋嘉宁和另一位求职者面对"糖衣炮弹"时犹豫不决，在面试官的引诱下才尴尬地吃了手中的巧克力，反应出很老实、呆板的性格，不能随机应变；只有最后两位求职者，宋嘉宁后来才知道，他们不仅大大方方地接过了巧克力，对面试官表示感谢，而且表示在面试结束离开公司后会享用这块看起来味道很不错的巧克力。这两位求职者反应敏捷，遇事冷静，礼貌、得体的回答给面试官留下了良好的印象。

在面试中，确实会有这样一种情况，用人单位对求职者表现出极大的兴趣，并且在言语间毫不掩饰对求职者进行夸奖，甚至是赞不绝口，任何一个求职者遇到这样的情况都会非常高兴，甚至会欣喜若狂。如果求职者因为过于兴奋而得意忘形，口不择言，甚至狂妄自大起来，就会有可能钻进面试官故意用糖衣炮弹设置好的圈套。

求职攻心计之四：没有目的、夸奖求职者的某一种优点却与求职者所应聘的工作毫无直接的关系，则面试官的夸奖更多的可能是一种测试，想看看求职者在得意的时候表现出什么。

所以，如果面试官给了求职者过多的夸奖，求职者更要小心翼翼，理智分析，分析面试官真正夸奖自己的是什么，面试官所夸奖的内容是不是和自己应聘的工作有着直接的关系，如果这样的关系不是很明显，那求职

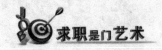

者就更需要注意。

　　卓文婷赶到这家国内有名的纺织企业参加面试的时候，前台大厅的沙发上已经有一位求职者在等待面试。卓文婷对他礼貌地笑了笑，然后也在沙发上坐了下来，人事经理助理拿了一张企业应聘登记表让她填写。另一位求职者进去面试了，二十分钟后他满面红光地走了出来。卓文婷心里咯噔一跳，但还来不及作细想，人事经理助理很快过来通知她进去面试。

　　面试在一间不大的小型会议室里举行，人事经理一边翻阅着她的应聘登记表，一边微笑着对她提问。人事经理脸上和煦的微笑让卓文婷心中原本紧张的心缓缓松弛了下来，这是一场让人感觉非常舒服的面试。卓文婷心想，这位人事经理多么有职业素养呀，即使自己没有被应聘上，在以后的道路上，这家企业也会在自己的心里留下非常美好的印象。

　　面试渐入佳境的时候，人事经理目光里流露出赞许，对卓文婷赞不绝口，"文婷，你的字写得真漂亮，你以前练过吗？"

　　卓文婷心里蓦然激动了起来，可是就在这一瞬间，她的脑子里忽然闪过前一位求职者满面红光离开的情景，看来那位求职者也是受到了这位人事经理的特别赞美，为什么呢？……卓文婷心里一个激灵，几秒钟后，她微笑着非常冷静而有礼貌地回答道，"谢谢您！这是我从小就坚持练毛笔字的结果，所以我觉得我本人是一个做事非常认真、一丝不苟，也很有耐心、执着的人，非常适合我所要应聘的这个工作，一定能让公司领导和同事对我都非常满意！"

　　人事经理脸上的笑意更深了，但却没有再夸奖她，而是笑吟吟地对她微微点了点头。三天后，卓文婷接到了这家企业的录用电话。

有的面试官有意制造紧张气氛，以了解求职者如何面对工作压力的面试就是压力面试；而有的面试官故意给求职者过多的夸奖，甚至赞不绝口，也有可能是对求职者进行的一场"压力面试"。面对这样一场"糖衣炮弹"的压力面试，如果求职者忘乎所以，就会在无形中暴露出自己骄傲自满的缺点，甚至是工作中的种种弱点。相反，如果面对面试官的夸奖，求职者能够表现出更加谦逊的态度，就能借助对方的夸奖，留给对方更深刻的印象。

第五节 面试无处不在

今年6月，杭州一家著名的网络公司要招一名市场部副经理，面对高薪诱惑，高梓伟向这家公司投递了个人简历，通过初试后，他幸运地从几百名求职者中脱颖而出，成为最终进入面试的10人中的一个。

面试时，高梓伟敲门进了总经理的办公室，总经理正在接电话。招呼他做下后，总经理一边接电话一边示意他帮忙拿一个红色的文件夹，说需要告诉客户一些数据。高梓伟站起来走向文件柜，拿出一本红色文件夹递给总经理。谁想总经理突然挂了电话，说："面试结束了，你可以走了。"

见高梓伟一头雾水地站在原地，他解释道，"其实刚才我没有接电话，而是在对你做一次测试。在这次测试中你犯了三个错误。第一，文件柜里共有5个红色文件夹，上面有编号，你没有问我几号而是随便拿了一个；第二，对方正在等我的回话，你应该跑向文件柜节约时间；第三，在你拿到文件夹的同时应该问我需要哪些数据，然后翻开找到它们再递给我。你知道，现在在杭州人才济济，我们需要的是各方面都很过硬的人才。"

在赛场跑道上，裁判会通过鸣枪的方式宣布比赛正式开始；考场上会有考试铃声提醒考生们考试开始了，而面试作为一场竞争一份工作的"竞赛"，却没有固定的正式开始时间。许多求职者认为，面试官与求职者面对面坐下，面试官提出第一个问题就是面试正式开始了。但在面试官的眼里，从求职者向用人单位投出一份简历开始，一场面试就已经拉开了序幕。

一位资深 HR 谈到："我习惯于亲自打电话通知应聘人员具体的面试时间，我将这段通话也视为面试的一部分。经初步的简历筛选后，一部分求职者本可以获得面试机会，但约 20% 的人选会在我亲自打电话通知面试时间的过程中，令我改变我的决定而丧失面试的机会。"

作为"财富 500 强"的世界著名跨国公司，负责公司人事工作的三井物产（中国）业务副总经理王维岭先生也表示："面试是求职中最重要的阶段，我会考察求职者的气质和基本业务素质。实际上，从求职者走入公司那一刻起，我就已经开始了考核。"王维岭认为：面试没有固定的问题和形式，因人而异。

求职攻心计之五：一般来说，用人单位更关注求职者的综合素质，他们会出其不意在不同时间、不同场合观察求职者，甚至会设置情景面试题考验求职者。

如果求职者只关注面试过程中的每一分钟，而忽视面试时间以外的每一个细节，很有可能会落入面试官所设置的"圈套"。安利（中国）人力资源总监饶俊说到，有的公司会故意在半夜通知面试；也有的公司在通知求职者被录取的同时，以打错电话的形式来考问求职者是否有礼貌。那些在电话里自暴自弃、不耐烦挂断电话、毫无礼貌的求职者自然失去了离心仪的工作岗位近一步的机会。

小陈已经失业四个月了，急需一份工作的他在网上大量投递简历。最近他接到了一家心仪的公司通知面试的电话，让他非常高兴。这家公司欲在小陈所在的城市开一家分公司以拓展业务，急需招聘

一名副总经理。一时间，应聘者如云，经过第一轮笔试，30人幸运地进入下一轮。市场营销部、公关部、人事部的经理轮流提问，身着西服反打着领带的总经理也到现场"督战"，但却一言不发。

第二天，经过两轮淘汰后，仅剩下包括小陈在内的三名佼佼者。他们来到总经理办公室，仍反打着领带的总经理终于开口了，"你们三位有什么问题要问我？"

求职者中，另外两名求职者紧闭嘴唇，面带谦恭地微笑。他们都看见了总经理反打着领带，心里也觉得奇怪，但想着这是与面试无关的事情，而且当场指出领导的错误只会给自己的面试减分。只有小陈，从自己脖子上取下领带，从容地站起来："请教一下总经理先生，假如我有幸成为贵公司的一员，我手中的这条名牌领带应该怎样佩戴才合适？还有，名牌领带可以反过来打吗？"

总经理没有从正面回答："市场即战场，要能见人之所不见，此为细心；须不低声下气，不畏强手，敢于挑战，此为勇气；能根据实际情况灵活调整策略，此为计谋。"

面试结束后，总经理当场宣布小陈胜出。原来，总经理反打领带是精心设计的一道考题。另外两位求职者懊悔不已，他们以为这是与面试无关的事情，所以没有"多管闲事"，但他们没有想到，这件"闲事"恰恰才是总经理给他们出的一道最重要的面试题目！

一位资深HR从事人力资源工作9年，最多的时候一天面试600人，可以说阅人无数。他透露到，在面试公司中层管理人员、总经理助理或是缺乏工作经验的应届毕业生时，他一般不告诉求职者面试的楼层。当求职者来到面试所在楼时，会给面试官打电话询问面试所在的楼层和房间，此时，预先在一楼暗中等待的他可以凭打电话者确认求职者，他手里捧着一大摞文件跟随求职者上楼，故意不说自己要去的楼号，看求职者会不会问他并帮他摁楼层按钮。他明确表示：如果求职者离按钮很近却又不帮他人按楼层号，这人坚决不能要。连伸手都不愿意，没有团队精神，也别指望能领导好别人，更反应了求职者欠缺公司所需要的素质。

　　求职过程中面试无处不在，不管是流程式面试，还是聊家常式面试，抑或是审问式面试，求职者都要记住：注意自己的一言一行。从向用人单位投出一份简历开始，求职者就要有时刻接受面试的意识和准备。面试就是要做到精心准备、时刻警惕。

第六节 察言观色八面玲珑

　　小区门口，有两个水果摊，左边的生意很红火，每天晚上差不多六点就收摊了。右边的生意显得较为冷清，晚上八九点，老板还在寒风中苦苦吆喝。

　　同样的水果，同样的价格，这是为什么呢？

　　一天，一位孕妇走到右边的摊位前，问道："老板，你这葡萄味道怎么样？"

　　老板连忙道："今天一早才进的货，很甜的，一点也不酸。"

　　只见那位孕妇连价格也没问，转身就走到左边的摊位前，还是同样的问话。

　　左边老板却说道："酸中带甜，要不你尝一个试试看？"说着，就拿起身边的一瓶纯净水，冲洗了一颗递过去。孕妇高兴得直点头，"好吧，给我称八块钱的！"然后提着葡萄愉快的走了。

　　不一会儿，来了一位老太太，拎起一串葡萄问右边摊位的老板："你这葡萄味道怎么样？"老板大概想起左边摊位老板刚才所说的，于是说道：酸中带甜。

　　老太太有点不高兴的放下了葡萄，也转身去了左边摊位，又是同样的问话。

　　这回左边的老板回答的却是："老太太，我这葡萄特甜，包你合口，一点酸味儿都没有。要不来点试试？"老太太笑眯眯的买了三斤提走了。

在面试中，每一位求职者都是一位营销人员，向顾客——面试官介绍自己、展示自己、推销自己，以获得面试官的赞赏与肯定。察言观色，投其所好，是每个人社交的基本常识，也是营销中的重要技巧，甚至可以说是取胜之道。案例中左边水果摊位的老板采用了察言观色的攻心术，观察每一位顾客的不同之处，而针对性地采取策略（对什么样的人说什么样的话）来推销自己的水果，效果事半功倍。

在面试过程中，尤其是在回答面试官的提问时，通过察言观色，求职者就能从面试官的脸色、神态、举止的变化中察觉出自己的回答是否合适，否则就会出现自我感觉良好，而面试官却认为求职者答非所问的情况。

林雨飞参加一场总经理助理岗位的面试，面试时面试官要求她陈述在上家公司任总经理助理时的工作职责，林雨飞立时侃侃而谈，滔滔不绝起来，她自我感觉非常良好，但她毫无条理、不分轻重、重复啰嗦的陈述却让面试官皱起了眉头，兴致正高昂的林雨飞却并无察觉，继续口若悬河地陈述，直到被面试官打断为止，面试的结果可想而知。

在面试过程中，交流比表现更重要，如果求职者和面试官双方不能进行有效的交流和沟通，一场面试很难顺利而愉快地进行下去，甚至会被面试官半途终止。而通过对面试官察言观色，能够帮助求职者作出判断，随机应变，改变应试策略，投其所好，与面试官进行更有"默契"的交流。

求职攻心计之六：在面试过程中，求职者要善于察言观色，并保持自然诚恳的态度，通过观察面试官脸色、神态、举止等等的变化，迅速判断面试的进程、时机，从而随机应变，采取相应的灵活措施。

朱文杰大学攻读专业是计算机科学与技术，大学四年参加了不少社会活动，扎实的专业知识和丰富的社会阅历让他无论走到哪里都是亮点。

一次去清溪一家港资企业面试，因为觉得清溪离市中心太远，他放弃了第二轮面试。第二次是去东莞华联期货公司面试。第一轮笔试，主要是计算机专业方面知识，他从容过关。第二轮机试，主要是计算机现场编程，可以上网搜索资料，但是面试官会删掉部分程序以防单纯 Copy，朱文杰也顺利闯关。

第三轮面试，最关键的一次面试，面试官突然问为什么会选择他们公司，朱文杰直言不讳："在众多的招聘单位中，我最看重的就是研发部见习研究员/分析师的岗位，这个岗位要对宏观经济和相关市场比较了解，感觉非常牛。"话一出口朱文杰就懊悔不已，觉得自己说话也太"随便"了，而且与自己应聘的工作岗位毫无关系。他心想这下肯定会给面试官留下不好的印象了。但是他发现，面试官脸上并没有露出任何不愉快的表情，反而亲切地对了他笑了笑，他突然觉得这位面试官挺面善，脑子里灵机一动，于是他随机应变凑上前去采用"聊天"的方式应试。面试官向他介绍了期货的知识、公司的发展历程之后，还推荐他去面试公司另外一个职位：信息技术部维运员。就这样，机缘巧合之下，朱文杰被录取了。

在面试中，求职者和面试官直接见面，形成了一个人际互动的局面，求职者应该学会看懂对方的"脸色"，在与求职者交流过程中，面试官的脸色、神态和举止相应地表达了他们的想法和意图。例如，求职者在面试中介绍自己的某个特长，面试官却不时地移开目光，那么他很可能对求职者的介绍并没有特别在意或没有兴趣，求职者应当尽快跳过。有时，面试官一再询问求职者是否拥有英语四六级、计算机或其他门类等级证书等，很显然，用人单位想招聘的是复合型人才，求职者应该尽量把获得的证书都展示出来，把自身的特长一一介绍出来。

第七节 谈"薪"论价攻心术

张晓晨和于兰兰在同时应聘一家公司的市场专员岗位时相识，虽然最后她们都没有被这家公司录取，但是她们却成为了朋友，偶尔在网上和电话里交流彼此找工作的进展、面试心得。

每一次，于兰兰最后都会好心提醒张晓晨"初次面试不宜谈薪酬"，但张晓晨却并不这样想。张晓晨认为如果薪酬不合适，其它谈了也白谈，浪费彼此时间。于是张晓晨通常会在面试官最后问他有什么问题需要提时，直截了当地询问关于其所应聘职位的薪水情况，详细到购买保险、公积金的具体金额，有时张晓晨甚至会在电话面试中就表明："生活压力太大，不到XXXX元月薪我不考虑。"

张晓晨说："应聘前我对相关职位的大体薪酬情况已经做了了解，再加上我个人的生活成本，对薪水会有一定要求。这是理性要求，不是漫天要价，如果企业方不能满足我的要求，接下来就可以不用谈复试或是终面了。薪水不是万能的，但太低的薪水是万万不能的。"尽管做市场的张晓晨认为自己"直接、理性"，但是每一次面试过后都没有了下文，这让她非常郁闷。她不明白，"人往高处走"，明明自己的条件非常符合用人单位的招聘需求，却还是一定要放低"身价"才能找到一份心仪的工作吗？

"你在上家用人单位的薪酬情况怎样？"

"你的期望月薪是多少？"

面试时，薪酬问题是求职者无法回避的敏感话题，如果求职者自我"身价"定位不准、处理不当都有可能会影响将来的收入或失去工作机会。案例中张晓晨在积累了一定工作经验后跳槽，再加上生活压力，期望谋得一份薪酬有所增加的工作是无可厚非的，但是因为薪酬话题是求职时非常敏感的话题之一，张晓晨谈判薪酬的方式直截了当，毫无技巧的"讨价还价"，给面试官留下了"她的眼里只有钱而非工作本身"的印象，最后错失了许多工作机会。

一家外资的数码公司招聘一名技术开发人员，每一位求职者刚参加面试就被告知这个岗位基本工资每月只有 1500 元，大多数求职者脸上一愣，随即匆匆地应付完面试后毫不犹豫地离去。只有一位求职者留了下来，笑了笑说："尽管这个薪金不算高，但据我所知，贵公司对高级人才有另一套薪金架构——每月奖金最高大概在 500 元左右，每年还可以发 16 个月的工资。工作一年后工资翻番。我本人拥有研究生学历，又有三年的工作经验，完全符合高级人才的标准，我希望自己能享受这套薪金制度的最高标准。如果那样的话，我非常愿意从事这份工作。"这位求职者的有备而来、观察细致让面试官非常满意，目光中流露出了毫不掩饰的赞赏。

金朋（上海）有限公司人力资源总监闵熔认为，在面试中被问及薪酬问题时，求职者最好先自己权衡一下。

求职攻心术之七：一般来说，如果面试刚刚开始，面试官就向求职者抛出薪酬的问题，面试官很有可能是想拿这个问题作为对求职者进行考察的一种手段；而如果是经过几轮面试，双方已经进入实质性谈判阶段，这时求职者就应当抓紧机会，委婉地表达出自己的期望值，如果再拖泥带水、遮遮掩掩就会错失良机。

一家装修公司招聘一名互动营销专员，前来应聘的求职者很多，每一场面试结束后，面试官都会照例问求职者一句："你期望的月薪是多少？"

很多求职者都用不同的数据回答了面试官的这个问题。只有王萍回答道："我期望一个比较合理的薪金待遇，就学历而言，我是统招本科，高于您要求的大专学历；就专业而言，我是市场营销专业，与您的需求相当对口；就工作经验而言，我曾经在上海市的一家家具公司从事市场策划工作三年。我如果加入贵公司，一定会给您带来不错的效益，而我个人也期望得到相应的回报。不知道我的请求是否过分？"考官听到此话，笑着说："不过分，不过分，既然是人才，我们就应该适当提高待遇。那么你的月薪具体要求是多少呢？"

王萍想了想，提出了一个较高的月薪要求，担心面试官不能接受，她便强调说："薪水不是最重要的，重要的是我希望能在贵公司工作。"巧妙地为自己留好了后路，她表示月薪并不是最重要的，能在这家公司工作才是她最重视的。由于她提出的月薪要求和这家公司提供给新员工的月薪差距较大，面试官拒绝了她的月薪要求，当面试即将陷入僵局之时，王萍在前面为自己留出的后路的作用就体现出来了，最终王萍通过退让缓和了气氛，而面试官也在公司新员工月薪标准上为她增加了20%的薪金。王萍的薪酬谈判既不失风度，又为自己争取到了一份还比较满意的薪水。

薪酬话题之所以敏感，是因为如果求职者要求过低，会给面试官留下不自信、没有竞争意识、甚至自卑的印象；而薪酬要求太高又会让面试官觉得求职者漫天要价，只看重金钱而不是注重工作本身。只有"合理"的薪酬才能让双

方都感觉到满意。但是求职者马上能提出一个"合理"的薪酬概率太低，所以，求职者首先可以了解用人单位所在地区的大致薪酬标准，以及自己的基本生活需求，在要求薪酬时提出一个期望的薪酬范围，而不是具体的薪金数，这更容易让面试官接受。

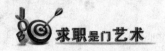

第八节 "霸王面"的艺术

48 小时内,甘小梅不停反复查看自己的手机是否有信号、是否意外关机或停机。她上午刚参加了深圳宝能投资集团的一场面试,对方告诉她将在两天内电话通知是否可以进入复试。但直到两天后,她都没有接到通知。

通常,故事到这里就结束了,然而,小梅决定尝试用"霸王面"(未接到通知即主动去现场参加面试)来改变故事结局。于是,她打电话到该公司,问清了复试的时间、地点,径直跑去面试了。出人意料的是,公司竟然同意她参加复试。最后,小梅当场被该公司录取,并于当晚正式签约。

相比之下,同样采取"霸王面"应聘工作的万先生就没有小梅这么"幸运"了。万先生也看上了深圳一家知名企业,并向这家企业投递了简历。在心急如焚等待了一个多星期没有任何回音后,万先生直接赶到该公司总部,要求公司给他一个面试机会,却遭到了该公司招聘人员的婉言谢绝。

这家公司拒绝他的理由是:公司的招聘筛选程序非常严格,既然没进入面试,肯定有不符合单位要求的地方,如果对其接纳也是对其他应聘者的不公平,因此只能予以拒绝。

简历一次次被拒，一些求职者恨不得冲到用人单位 HR 面前亲自告诉他自己有多么优秀，于是，一种没收到用人单位的面试通知，就直接到用人单位要求面试、笔试的应聘方式如今越来越流行，被称为"强面"或者"霸王面"、"霸王笔"。

根据《中国青年报》联合腾讯网、新浪网共同进行的在线调查（3579人参与）显示，55.1% 的人对这些通过"霸王笔"、"霸王面"博取机会的求职者表示欣赏，他们认为找工作就是要锲而不舍；36.3% 的人表示不喜欢这样的求职者，因为他们违背了公平竞争原则。

"求职者在投递简历后，没有收到面试通知，很多情况下是用人单位的问题。"上海市某房地产公司人事经理坦言，"现在大多数求职者都倾向在网上投递简历，一些用人单位为了方便简历筛选，往往会通过搜索关键词来搜索符合条件的简历，其他的简历根本不看。"曾经有一位求职者向该公司投递简历，初审被淘汰后，主动到该公司要求面试。面试后人事经理发现他除了"英语四级"条件没通过初审，其他的条件、综合素质还不错，便录取了他。

一家科技企业负责招聘工作的 HR 表示：他们筛选简历时已经考虑到求职者是否符合职位要求的问题了，比如求职者要求的薪酬较高；学历达不到企业的要求；没有工作经验等等，就会被企业初步淘汰。所以求职者如果采取"霸王面"的形式再来公司求职，会带来不必要的麻烦。但是，这位 HR 坦言，他们偶尔会允许"霸王面"出现，有的面试者最后也被录取了。多家用人单位的招聘人员表示，公司的制度非常严格，强行面试的一般不会接待，但特别优秀的，还是会给予一定机会。

日本大广广告有限公司北京事务所所长浅海敬介说，他不会拒绝"霸王面"，前提是求职者必须懂礼貌。有的求职者"霸气冲天"，到用人单位后直接找到总经理办公室要求面试，也不管对方正在接待一位大客户，还是在接听一个重要的业务电话，严重扰乱了用人单位的正常工作秩序，"霸王面"结果可想而知。

　　求职攻心计之八："霸王面"与用人单位招聘计划有一定冲突，成功率一般较低。求职者如果没有一定的实力和特色，最好还是持谨慎态度。求职者到用人单位"霸王面"，一定要提前做好准备，不打无准备之仗。除了将自己的实力充分展现给面试官，最重要的是要用诚意去打动对方。

　　因为缺乏诚意，"霸王面"成功后也被刷了下来，冷玲玲最近遭遇一件让她非常后悔的事情。

　　冷玲玲"霸王面"成功后，有些得意忘形的她在自己的 MSN 空间上说，"接到了这家公司的录取通知电话，特别兴奋，因为这是我'霸王面'来的。"

　　"一开始我也没有勇气，但是因为以往几次笔试都被刷下来了，郁闷不已。就去'霸'了一次。"

　　可能是实在太过高兴，她还在 BBS 上大晒自己的霸王面"招数"——

　　"首先装弱，说自己是陪同学来的，想看看有没有机会自己也面一下。对方当然摆出一副拒人千里的冷面孔。这时候，女生的优势显现，楚楚可怜，最好快要哭出来的样子。对方开始松口说可考虑，但是不保证。我就继续装弱，拿出恒心说自己坚决等下去。趁他们同情我的时候，要求去等待室填表格，对方就招架不住，点头同意。事实证明，填完表格之后一切就和正式面试的人一模一样，顺利过关。"

　　可是，冷玲玲万万没有想到，她在空间上刊登的东西，却被应聘公司的 HR 发现了——因为她递交的资料上有自己的 MSN 空间地址。发现被人愚弄的 HR 在她的空间回复说："我非常遗憾看到这个内容。世界上有很多'聪明人'被自己的'聪明'耽误了。我们是个打造诚信体系的公司，决定不录用你，并且会知会其他子公司，拒绝你的加入。无论你是否真心喜欢我们公司，都希望这次事件给你一次关于'信任'的学习。"

　　敢于"霸王面"的求职者，在一定程度上也反映了其具备执着、勇敢、有冲劲、锲而不舍的精神，而这正是销售、品牌推广、营销策划等岗位优秀员工所需要的品质。"霸王面"也是一门攻心艺术，在就业形势越来越严峻的现在，"八仙过海，各显神通"，掌握"霸王面"的攻心艺术，也是求职者应对就业困境的一种大胆尝试。

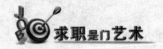

第九节 阿斗也能成功

廖先生遇见了一场别开生面、匪夷所思的面试。这场面试是集体面试，廖先生和几位求职者坐在总经理办公室里，接受总经理的提问。

几道问题过后，每一位求职者都抓住机会圆满回答了一或两道问题，让总经理很满意。现场大有难分伯仲的情势，正在此时，总经理突然提了一个让他们都措手不及，非常奇怪的问题。

总经理问："《三国演义》里有三个人物，吕布、刘备、阿斗，你们都说说最喜欢哪个人物？"

其中一位求职者很快抢先回答道，"我喜欢吕布。"

话音刚落，另一位求职者也抢答道，"我喜欢刘备。"

剩下的几位求职者都沉默了，毫无疑问，他们的选择不是吕布就是刘备，谁不愿意做英雄，做大事呢？

这时，有一位求职者平静地说道，"我喜欢阿斗。我有自知之明，只想做一件事情心满意足、踏踏实实地做下去。"

所有的求职者，包括廖先生都向这位求职者投去了同情的目光。他们以为他就要被淘汰了。可就在此时，总经理却宣布喜欢阿斗的求职者胜出。

原来，大家都知道，这个岗位招聘的是仓库管理员，库管的工作虽然简单，但责任重大，公司很大一部分财产都在仓库里。如果求职者说喜欢吕布，就完了，因为吕布经常反叛。喜欢阿斗的人，反而有胜算，仓库管理员不需要太大智慧，只要做好分内的事情就好。也许，喜欢吕布的应聘者最优秀，但对于这个岗位来说，他并不匹配。喜欢阿斗的人，或许最适合这个岗位。

面试前，你知道应聘岗位的工作内容是什么吗？

看似非常简单的一个问题，却容易被求职者忽视。一些聪明的求职者，往往能从这个简单的问题中发现奥秘和契机，在面试时对面试官展开有效的攻心计，让面试官无法对其说"NO"，从而为求职成功增加砝码。

一位求职者到用人单位参加面试，洁净的着装、彬彬有礼的举止都给面试官留下了良好的第一印象。谁知面试开始后，他的第一句话就让面试官神色大变。这位求职者说道："贵公司招聘话务员，其实我挺喜欢话务员工作的，每天在播音间里声情并茂朗读文章。"而事实上，该公司话务员的职责是接听客户的咨询和投诉电话并做相关记录。在弄清楚状况后，满脸通红的求职者赶紧展现自己的沟通交际能力，但是面试官已经在心里对他的打了大大的一个"×"，之后的面试内容已经无关紧要了。

一位多年从事人力资源工作的 HR 谈道："面试的时候，一些求职者一开口就失去了面试机会。因为他们竟然不知道自己投过简历、忘记自己投过什么职位，有的求职者根本不知道自己应聘的职位是做什么的。对自己的事情这样不关心，怎么会应聘成功呢？"

求职攻心计之九：对于自己即将面试的用人单位，以及应聘的岗位，求职者必须要有全方面的了解。弄清楚所应聘的岗位是做什么的；胜任这个岗位需要具备哪些能力和品质等，就能投其所"要"，将本人所具备的与之相匹配的形象、能力、品质等展现在面试官的面前，步步攻心，直到面试官做出决定：对，他就是我们这个岗位最需要的员工！

小刘面试一份客户服务工作，闲聊时，面试官微笑着对他说，"刚

才你在前台，我听见你谈到一辆豪华运动型轿车，你对这种轿车也很感兴趣吗？"小刘回答，"是这样的，我刚刚结束了曾从事十年的客户服务工作，曾有一位顾客对您提到的这种需要特殊部件的豪华运动型轿车非常感兴趣，不幸的是通过他的正常渠道不能解决这个问题，所以他向我求助。我打了几个电话，然后这个部件在两小时内就从其他地区上路了，销售进行得很顺利。不瞒您说，刚才这位客户就是打电话来感谢我的。人们需要解决问题，并且希望快速的解决，我认为我在人们解决问题方面是很有办法的。"面试官向他投去了欣赏的目光。

　　王萍、夏雨欣、符薇三个女孩子是大学同学，在深圳市区合租了一套房子，都准备找工作。

　　这天，符薇高兴地宣布，她在网上发现了一个好工作，已经投了简历，刚刚对方打电话通知她去参加面试。话音刚落，她才发现房间里的王萍和夏雨欣也是一脸喜气洋洋，原来她们也找到了好职位，准备去参加面试。

　　可是当她们把彼此的信息一说，都傻了眼：原来她们应聘的竟是同一公司同一岗位。这家公司要招聘一名销售调查员，月薪对她来说非常有诱惑力。再加上专业对口，她们三个约定：谁也不要轻言放弃，来一番公平竞争，看看谁能够最终胜出！

　　于是，三人暗暗憋足了劲，开始全面准备。王萍熬了几个通宵，终于做出了一份自己感觉完美的销售调查方案。而夏雨欣每天坚持去美容中心做美体修形，使自己变得更加美丽、性感。而符薇却一声不响地消失了20多天，最后又出现在两人面前。大家一起参加了面试。

　　面试结果很快公布了：符薇从一百多位应聘者中脱颖而出，被成功录取。后来，王萍和夏雨欣才知道，在面试官的眼里，她们和符薇掌握的专业知识都是不相上下的，不同的是，只有符薇能听懂他所说的一些地方话。他认为，掌握一些地方语言，对搞好销售调查工作非常重要。

王萍和夏雨欣这才恍然大悟：符薇消失的那些日子原来是学习讲地方话去了！

　　"投其所好，攻心为上"，是成功销售的秘诀之一。面试就是一段"推销自我"的过程，把自己"推销"给用人单位，就要首先了解用人单位的需求是什么。当然，"你想听什么我就说什么"，并不意味着求职者可以弄虚作假。否则就会"偷鸡不成蚀把米"，弄虚作假者往往会被面试官毫不犹豫地拒绝。

第七章

求职细节的艺术——细节决定成败

经过激烈的初试、笔试、面试环节的竞争，求职者 A 和 B "杀"进了最后一轮复试，复试由公司老总亲自主持。

两位求职者，无论学历、工作经历、专业技术能力还是个人表现出来的综合品质都旗鼓相当、难分伯仲，这让老总犯了难。面试结束后，求职者 B 跟在 A 后面离开办公室，在门口拣起了一个被求职者 A 视若无睹的纸团，扔进墙角的垃圾桶里。

这一细节落入老总的眼里，让他头痛的难题突然迎刃而解：他终于决定了这个岗位的最佳人选——毫无疑问，这个人就是求职者 B。

求职的竞争，尤其越到最后关头的竞争，就是细节的竞争。

灿烂星河是因无数星星汇聚，伟业丰功也是由琐事小事积累，细节影响品质，细节体现品位，细节显示差异，细节决定成败。在这个讲求精细化的时代，细节往往能反映你的专业水准，突出你内在的素质。

掌握细节的艺术，就能在求职过程中发现细节、创造细节、把握细节，只有在细节上展示出自己与众不同的魅力，才能在关键时刻脱颖而出，成为最后的大赢家。

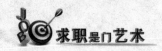

第一节 "丢了"的工作

　　24岁的小谢应聘一家网络科技公司程序设计员岗位，经过前两轮面试，一百多个竞争者只剩下包括小谢在内的十来个人。

　　进入最后一轮面试，小谢进门后礼貌地和老总打了招呼，顺手把真丝手套放在门边的柜子上，微笑落坐。

　　面试开始。所有提问她对答如流，老总连连点头，谈话气氛越来越融洽。一切进展比想象中还要顺利。面试结束时，老总带着心照不宣的微笑说："小谢，希望你能尽早了解和熟悉我们公司的情况，尽快展开工作。最迟明天下午会通知你是否被录取。"在老总毫不掩饰的充满赞赏的目光中，小谢优雅地走出办公室。

　　回家路上她心花怒放，心想这份工作准逃不出自己的魔掌了。走着走着，感觉手有点凉。手套放哪儿去了？糟糕，忘在老总房间里了。经过反复思想斗争，她终于还是舍不得那双精致的手套。她鼓足勇气再次敲响办公室的门。当她拿回手套准备告辞时，发现老总的脸色有些阴沉。

　　第二天，她没有接到录用电话。

　　她不死心，一个电话打到老总那里。老总说："小谢，你的确很优秀，电子专业课程学得很好，而且还搞过实际设计。我本来已经选定了你，没想到你却是个丢三落四的人。我们招的人将从事电子电路的设计工作，出不得半点差错。以前就是因为一个设计师的粗心，差点断送了整个公司的前程，所以很遗憾……"

　　丢了一副手套，就"丢"了一份工作，一些求职者认为这只是偶然性，是一种巧合。但是在资深人力资源 HR 何霞的眼里，小谢"因小失大"，丢了一副手套，而丢失了一次工作机会，其中又有一定的必然性。

　　求职者在面试结束时丢三落四，将随身物品遗留在用人单位，甚至落在面试办公室。求职者返回用人单位取物品时，不仅会使气氛产生微妙的变化，而且在面试官眼皮底下取回物品，面试官会质疑求职者工作中是否具备严谨、心细的品质。尤其是财会、文员、助理类工作，丢三落四的坏习惯是此类工作的大忌。没有一家企业会喜欢丢三落四的员工。即使求职者拥有丰富的工作经验和专业技术能力，也有可能在丢三落四中暴露出自己的缺点，引起对方的反感和质疑，从而在最后关头被用人单位拒绝。

　　面试是佼佼者之间的一场竞逐，每个人都在努力向面试官展示自己最优秀的一面。作为求职者，因为要面对太多不可预知的情境，所以在面试时产生紧张的情绪是难免的。因为紧张，求职者的思维方向和一言一行、一举一动都跟随面试官的提问而运转、进行，容易忽视身边环境。

　　求职者在面试过程中转换场地，或面试结束即将离开用人单位时，应该检视自己随身携带的物品，确保没有遗漏，给面试官留下严谨、细心的好印象。

　　于舒梦应聘一家商贸公司的会计工作岗位，初试顺利通过后直接参加复试。复试时，面试官提出要看她的会计证书。于舒梦拿出自己的文件袋，可是把袋子里的一大堆证书翻了个遍，也没有找到会计证书。于舒梦额头上渗出了冷汗，心想早上自己明明将会计证书放在了文件袋里。面试官皱起了眉头。正尴尬之际，公司前台敲门进来，称在前台沙发里捡到了一份会计证书，于舒梦赶紧接过来一看，果然是自己的证书。原来刚才起

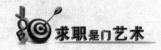

身时，她不慎将会计证书遗漏在沙发上。虽然及时找回了证书，但于舒梦的脸上火辣辣的，随后进行的面试中，她的情绪仍被刚才发生的事件余震所影响，心不在焉，答非所问，几次深呼吸也无法调整自己的情绪。终于捱到面试结束后，她几乎是"落荒而逃"。

一家中外合资企业招聘一名销售部部门经理助理。招聘信息上公布的薪资待遇丰厚，吸引了上千名求职者前来应聘。通过初次筛选和笔试，有五位求职者"过五关斩六将"，顺利闯进了最后的面试一关。

五位求职者无论学历、工作经历、兴趣爱好和特长等各有千秋，难以取舍。面试时，出乎意料的是，五位求职者并没有接受常规的与用人单位HR"面对面"你问我答的方式。用人单位安排了一场别开生面的情景面试：五位求职者同时参加部门经理助理岗位实习，时间为一天。

五位求职者中，有两位求职者具备助理工作岗位的经历，但是这家企业经理助理日常工作内容的工作量、琐碎程度依然超出他们的想象。工作时间安排紧凑，把五位求职者忙得团团转，头昏脑胀。终于一天的工作结束了，招聘人员要求他们整理自己的工作内容，此时几位求职者才发现，一天的忙碌工作，竟然丢三落四了好几份文件，其中一位求职者甚至弄丢了自己的手机。只有一位求职者将工作内容做得妥妥帖帖，档案和文件的归纳井井有条。最后，他顺利被这家合资企业录取。

一个人丢三落四，是工作和生活中非常不好的行为习惯。尤其不应该在面试时犯下丢三落四，"因小失大"的错误。求职结束时，求职者应整理好随身携带的物品，不要丢三落四，更不要风风火火，而要从容稳重，有条不紊。无论何时，求职者展现在面试官面前的，必须是严谨细心、积极向上的精神面貌和态度。

第二节 你要有点幽默精神

近日，一家公司的人事主管博客上记录了一场面试，一位应聘销售岗位的求职者答题套路别出心裁。例如，

"你为什么来应聘这份工作"，答曰"俺是一只迷途的骡子，现在可算找到组织了"；

"你是怎么知道我们在招聘"，答曰"合格的员工，除了要有骡子般的身体外，还必须有猎狗一样的嗅觉"；

"你认为自己最大的优点是什么"，答曰"像骡子一样吃苦，像工蜂一样耐劳，像猎狗一样忠诚"；

"你认为自己最大的弱点是什么"，答曰"除了干活，就是个白痴"；

"你最喜欢的大学课程是什么"，答曰"《畜牧学》和《马屁学》，前者讲生产力，后者讲生产关系，受益匪浅"；

"你对薪金有什么期望"，答曰"俺属奶牛型，吃的是草，挤出来是奶"；

"除了工资，还有什么福利最吸引你"，答曰"加班！谁跟俺提钱，俺跟谁急"；

"你怎样赢得顾客"，答曰"嘴巴能把稻草说成金条，脸皮像城墙一样厚，心像锅底一样黑，手像芥末一样辣"……

这位求职者用幽默的语言博得了公司人事主管的关注，最终获得了这个心仪已久的工作。

有的人平时与熟悉的人聊天时，可以无拘无束、侃侃而谈，但面对陌生人，就会坐立不安、手足无措。尤其是在面试场合，面对严肃而"高深莫测"的面试官，求职者的心情往往紧张，焦虑，忐忑，七上八下……在紧张气氛的引导下，面试官会越来越严肃，要求越来越严格，而求职者也会在心理承受较大的压力之下语无伦次、支支吾吾，无法从容而有效地将自己优秀的一面展现在面试官眼前。在这样的状态下，面试结果肯定是不利的。

小罗应聘一家科技公司软件工程师职位。面试时，面试官提出了一些比较有难度的技术问题考察他，小罗一一作答，面试过程循规蹈矩，气氛紧张，偶尔沉默时，小罗甚至能听见自己惴惴不安的呼吸声。这时面试官提出要看他的相关证书，小罗赶紧将文件夹里的英语证书站起来递给面试官，没想到坐下时只听"啪"的一声，衬衣上的一颗纽扣掉了下来。小罗脸色涨得通红，他下意识说出了一句话："看来不只我想留在这家公司，连我的扣子都舍不得走！"面试官一愣，随即朗声笑了起来。原本紧张而尴尬的气氛被这笑声打破了，出乎意料的是，在接下来的面试中，气氛突然变得融洽起来，小罗回答问题也更顺畅、更有条理，也更有自信了！最后小罗顺理成章拿下了这家公司的 offer。他没有想到，竟是一颗纽扣帮助他获得了一份心仪的工作。

在求职过程中，求职者应该有点幽默精神，不仅能营造融洽的面试气氛，而且在面对逆境时能随机应变，用幽默化解尴尬的处境，给面试官留下深刻的印象。

幽默能拉近人与人之间的距离。幽默不是无厘头，无论是哪一种形式的幽默，求职者通过幽默展现给面试官的，必须是自信、积极、乐观、开朗、热情的，而不是怀才不遇、内向自闭、冷嘲热讽等消极的"冷幽

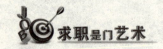

默"。幽默来源于对生活的感悟，也能体现出一个人的职业价值观和生活态度。

目前国内就业形势越来越严峻，小夏却凭借着自己的"幽默细胞"获得了两个不错的机会，让他的朋友们大跌眼镜。

今年夏天，一家地级市日报社招聘采编人员。小夏在入围面试的十人中，无论从学历，还是所学专业，他都处于下风，但他的幽默感却引起了评委们的注意。

在面试时，当面试官问到第三个问题"谈谈你应聘的优势与不足。"他说："我的优势是有过两年的办报经验，并且深爱着报业这一行。每当我拿起一张报纸，我总不自觉地给人家挑错：题目显得累赘，哪个词用得不合适，哪个错字没有校对出来；版面设计不合理，碰了题、通栏了……甚至有时上厕所，也忍不住捡起别人丢在地上的烂报纸看……"听到这里，评委们不约而同地笑了。

一位评委突然问了他一个匪夷所思的问题。"请你评价一下罗纳尔多和乔丹，看看哪个更厉害。"

小夏沉默了几秒，"我觉得他俩都没我厉害！"他很是得意地说。

"啊？！"评委们一头雾水，如困巫山。

"我要跟罗纳尔多打篮球，跟乔丹踢足球，看看到底谁更厉害！"

他的回答不仅幽默，而且很富哲理，他果真被这家报社录用了。

后来他了解到，一开始他并不被看好。然而其他参加面试的人回答问题过于"正统"和"死板"，正是他的灵活与幽默让挑剔的评委们觉得他更适合干记者这一行。于是，不起眼的他脱颖而出，幸运地被录用了。

　　正如每个人都喜欢听到别人对自己的赞美，每个人都喜欢有幽默感的人，幽默可以说是一种优美的、健康的品质；幽默也是人与人之间的润滑剂，是一个敏锐的心灵在精神饱满、神气洋溢时的自然流露。幽默是自信的表现，是善于处理人际关系的反映，可以说，哪里有幽默，哪里就有活跃的气氛；哪里有幽默，哪里就有笑声和成功的喜悦。在非常严肃、紧张、决定前途面试的时候，不妨来点幽默，不仅使自己放松，也使面试官记住你，可能还会使你在面试中脱颖而出。

第三节 不要让"低级错误"毁了你的面试

　　小陈在大学里攻读的是计算机专业，他有一个缺点，就是粗心，做事情总是心不在焉。大学毕业后，他先后在两家公司工作，都因为工作不细心屡屡导致编辑程序出错而被辞退。

　　一家外企倾慕小陈的才华，虽然为他工作不细心有所担忧，但是认为他是难得一见的奇才，可以为他打破这个惯例，于是人事主管特意打电话给他，邀请他参加一场面试。

　　小陈面试时，面试、笔试都一路过关斩将，给在场的人留下了非常好的印象。最后一场面试时，面试官要求求职者现场做一个网页，为他们准备了音响制作工具和丰富的文字资料，而室内外选景，制作动画，输入声像和文字，编排链接等工作则需要求职者自己动手。经过好一阵忙乎，小陈居然先于第二名两小时完工，漂亮的页面更是让人耳目一新，在场的人都觉得小陈必定会胜出。可结果却恰恰相反，对计算机专业并不精通的面试官，竟然发现小陈做得网页上有很多低级错误：不少链接根本就打不开，正文里不是少几个字就是弄错了图片。

　　尽管早有心理准备知道小陈粗心，但面试官没有想到他会这么粗心，结果小陈还是被淘汰掉了。面试官认为，小陈心不在焉的工作将会把他们的业务搞砸。

在求职面试中，没有人能保证不犯错误，只有聪明的求职者会不断修正错误走向成熟。然而在面试过程中，有些错误却是一些相当聪明的求职者也难免会一犯再犯的，我们称之为"低级"错误。案例中小陈有扎实的专业基础，外企公司也"慕名"向他抛出了橄榄枝，但他却毁在了"低级错误"的环节上。

网络上流行着一个幽默的求职故事。一位求职者到 Google 参加面试，面试官问道：你从哪里得到 Google 招聘信息的？求职者回答：百度的。面试气氛一下变得尴尬起来。

曾担任过《今日美国》报社总裁及美国报业协会总裁兼 CEO，被《金融时报》誉为"美国杂志界第一夫人"的凯西·布莱克在《凯西来了》一书中谈到：不要让那些细微的、很容易就可以改正的错误毁了你找到工作的机会，或者在你还来不及开口的时候就把你淘汰了。

一位求职者应聘时，将简历、作品集都用电子邮件发给了对方，然后就两手空空地上门了。面试官根本回忆不起他的文件，也不想临时查Email，结果聊了没几句就把他打发了。因为一个"低级错误"，让他失去了一个不错的工作机会！

　　王文文在本地人才网上看见一家公司招聘一名营销策划专员，招聘信息上留下了面试官的电话，于是她主动打电话给面试官，作了一个简短的自我介绍，面试官便要求她次日到公司参加面试。

　　她花了三天时间从网上查资料、从亲朋好友那里旁敲侧击了解到这家公司的文化理念、经营情况等等，又花了两天时间完善了自己的个人简历，再三审视过后，她觉得已经非常完美了。

　　第二天，王文文将这份简历用精美的纸张打印出来，并携带了一些针对这份工作的一些作品，到公司参加面试，面试时她得体的谈吐、丰富的工作经验、良好的素质都无懈可击，给面试官留下了深刻的印象，薪资待遇的谈判也非常顺利，双方都很满意。

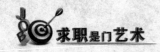

　　回到家里，王文文耐心等待着这家公司的消息。可是一个星期过去了，王文文仍然没有收到对方的任何消息。越来越心急如焚的王文文主动给那位面试官打了一个电话，却被告知对方已经招到了岗位员工，而且已经正式上班了。

　　这是怎么回事？！王文文懵了。不甘心的她一个电话打到面试官那里，追问自己被出局的原因。面试官的回答却让她大吃一惊：原来她网络上投递的个人简历和带到公司的个人简历都没有留下联系方式！公司与王文文无法取得联系，只好遗憾地放弃了面试官眼中"这个各方面条件都很不错的女孩子"。

　　在面试过程中，求职者要经历严格的专业技术能力和综合素质的考核，面试的每一个细节都至关重要，千万不要让任何一个低级错误毁了你的面试。

第四节　不要为你的错误找借口

一家金融公司招聘一名工作人员。面试时，一位求职者充满自信地说去年自己参加了某银行的面试，通知签约自己却未签。面试官问他为什么不签，求职者刚开始说是自己年轻的原因，面试官说不可能这么简单的理由吧，求职者便说因为这家银行要求签十年，他担心自己以后没有发展了，想换个环境都难。面试官心想：哦，明白了，他是志向远大，当然这无可厚非，可是，究竟为什么不签约，还要有个理由的，毕竟现在找工作这么难。面试官虽然没有再追问下去，但心里却打了一个大大的问号。

求职者似乎不太愿意谈论这个问题，于是他紧接着又说自己实习时去了一家融资企业，感觉挺有前景的，毕业时他们还许诺可以提供好的发展机会，可是至今该企业仍然没有正常运转。

面试官问他这个单位什么性质？他说是一家私营企业，好像有几家子公司了吧。面试官又问他，这个子公司和分公司有什么区别？他说，子公司没有法人资格，而分公司有吧。面试官说，对吗？你正好说反了吧。求职者争辩道：我现在没有这样的资料。面试官说，这不是资料的问题，学经济的，对这个问题应该能够问答对的。他狡辩道，没错啊，我学过的，子公司和分公司区别就是这样的，我们真的学过这个课程的。面试官无奈地看了求职者几秒钟，求职者

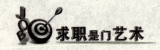

似乎心虚地别过了头。

在求职过程中，偶然犯下一些错误是难免的，但是一些求职者总是一再为自己的错误找借口，过于自信，盲目自尊，在面试官的一再追问下就会暴露出问题，无法自圆其说。

求职者在面对专业问题考察时，要注意两点：一是对基本专业问题，要力争做到准确回答。这类问题意在考察求职者入门级别的工作能力，如果连这些问题都答不上来，基本上给予否定，找任何借口都无济于事；二是对拔高性质的专业题目，要尽量给出思路，如果连思路也找不到，不妨老老实实回答不知道，这类问题意在考察求职者的个人潜力有多大，思维能力如何，并不强求正确答案，只要思路有亮点就行。实在答不出来，可能会影响企业对具体岗位的安排，但总的来说对大局影响不大。如果此时编造各种理由解释自己为什么不知道，反而是画蛇添足了。而关于生活中的一些简单问题，更不能为自己找借口，因为这些与工作无关紧要的问题更微不足道，找借口却为自己无谓地失了分。

在案例中，如果求职者当即表示：对不起，可能是我的理论知识不扎实，回头我再好好看看书。这样既可以表现出自己主动承担错误的勇气，又表现了知错就改的决心。在面试官的眼里，只有知错认错、认错改错的精神面貌和态度才能把工作做好。

在求职过程中，大多数企业希望求职者能展现真实自我，而不喜欢求职者用牵强的借口掩饰缺陷。

一位求职者应聘时，面试官提出问题：你的英文简历好像错误很多。求职者辩解道：是这样的，你知道我是外省人，我们那里外国人不多，不像上海到处都是外国人，上海是个国际化的大都市，学习英语的氛围比我们那里好……求职者语无伦次的自我辩解让面试官皱起了眉头。其实公司要招聘的这个岗位对英语水平要求不高，他却忙不迭地找借口，而且把原因全部归咎于客观环境，缺乏应有的谦虚和诚恳，引起面试官的反感，面试结果令人遗憾。

"行家一伸手，就知有没有"，求职者有没有真材实料，面试官一试便知，夸大甚至杜撰工作经历和工作经验的方法并不可取。专业能力不足已经是失分，如果还没有勇气面对缺点，找借口逃避，面试官的整体评价更是会大打折扣。

　　李先生大学攻读专业是应用数学。最近他到一家不错的外企应聘，第一次面试，他以自己丰富的工作经验、素质和自信给面试官留下了良好的印象。第二轮面试时，面试官是一位美籍华人，在谈了一些专业问题之后，想让李先生用英语与他继续交谈。李先生知道自己学的是"哑巴英语"，难以招架面试官，于是坦诚地对面试官说："虽然我的英语通过了六级考试，但我是一名数学专业学生，而且以前的工作也缺乏英语语言环境，口语不是很好，只能进行简单的会话，进行深入的交流还有些困难，希望我能参加你们的英语培训，培训结束后再和您深入交谈。"这位面试官笑着说了声"OK！"李先生成功了。

　　美国前总统西奥多·罗斯福说："如果自己所决定的事情有 75% 的正确率，便是预期的最高标准了。"人非圣贤，孰能无过。求职过程中，如果面试官发现了求职者某个错误，很有可能因此而慎重考虑求职者。如果求职者此时知错认错，会给面试官留下良好的印象，事情也许还会有转圜的余地；倘若求职者拒不认错，甚至牵强地自圆其说，不仅会引起面试官的反感，也会让面试官怀疑求职者不具备诚实的品质。

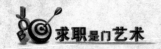

第五节 低调的艺术

　　丁小姐毕业于温哥华英属哥伦比亚大学，这是一座颇有盛誉的世界名校，包括奥巴马总统在内的三位美国总统都是该校的毕业生。学业成绩优异的丁小姐留学回国后，准备应聘一家外企管理阶层岗位工作。

　　面试时，因为她的英文口语流利，再加上专业知识学得透彻，所以面试时丁小姐显得很自信，对答如流。面试官对她表现出来的综合素质非常满意。

　　面试即将结束时，两人随意地聊着面试外的一些话题。面试官拿起简历，突然看到丁小姐个人信息上的大学校名，就自言自语说了起来，"温哥华有两所比较不错的大学，海边的英属哥伦比亚大学和山上的西门菲莎大学……"

　　丁小姐很兴奋，因为恰好她对这两所大学都非常熟悉。于是她开始滔滔不绝地评论道："'山上的'那所大学太差劲儿了，不仅实力、资产等都比不上英属哥伦比亚大学，而且从'山上的'那所大学里出来的学生大都综合能力不够，有的好几年都找不着工作。所以我才选择了英属哥伦比亚大学……"

　　丁小姐高谈阔论的声音渐渐低了下来，因为她发现面试官的脸色竟然越来越难看，变得铁青。最后丁小姐没有得到这家外企的录用通知。事后她才知道，面试官就是从"山上的"那所大学毕业的，也就是丁小姐所说的"综合能力不够强"的毕业生之一。

面试是一场激烈的竞争，求职者只有在面试中积极表现自己，尽展自我才华，才能给面试官留下深刻的印象，在众多的应聘者中脱颖而出。所以，在面试过程中，求职者会紧紧抓住每一个话题，甚至是与面试无关、面试官随意提及的一些话题，也会成为他们高谈阔论表现自己的机会。

一位求职者应聘某投资公司，在面试的过程中，她花了大部分的时间来高调、细致地描述她曾经在类似的工作岗位上取得的一次成功，希望能向对方传递"我就是最适合这个工作岗位的员工"信息。起初，她描述的成功经历的确使面试官眼前一亮，受到了感染，可是她反反复复地强调这些辉煌史，高调的态度让她越来越"高高在上"，显得傲慢、专横、自以为是。面试官很快结束了这场面试。

"言多必失"，许多求职者在高调、情绪激昂表现自己的同时，往往忽视了一个细节：他们总是毫不知觉暴露了一些不利于应聘这个岗位的信息；或是面试官并不愿意听见和看见的话题、事情；甚至采取贬低别人、抬高自己的方式高调展现自己，被用人单位淘汰后，还百思不得其解自己被淘汰的原因。

研究生小许参加一场面试，做自我介绍时，他的开场白没有介绍自己的名字，而是以学历开头："我是××大学××系研究生毕业。"当面试官要求他谈谈自己应聘该工作岗位的优势时，他加强了语气，"我是研究生！"小许说自己曾配合导师做过营销项目，面试官便请他谈谈项目内容和他负责的部分，"那是一本图书的营销策划工作……"他开始侃侃而谈，直到唾沫横飞。话末，小许脱口而出："我获得的最大收获就是使它成为了一本畅销书！畅销书你们知道吗？"紧接着又开始阐述畅销书的概念，最后又加了一句，"你们明白了吗？"

面试高调的行为往往发生在一些高学历、有过辉煌成功经历或实践经

历、自诩智商高人一等的求职者身上。他们会在面试过程中表现出十足的优越感，反复强调和提醒面试官，自己的高学历、辉煌成功经历或实践经历、高人一等的智商。在回答面试官的问题时，口若悬河，指点江山，仿佛孔明转世，让对方觉得自己是个学生在听课。其实，求职者表现出如此高调的言行和举止，在显现对对方不够尊重的同时，也显露出了自己的浅薄。当然，故意贬低别人以抬高自己的行为更不可取，会引起面试官对求职者个人素质的质疑。

在上海市某人才市场的一场招聘会上，一家建材行业知名公司需要招聘区域经理、工程部经理、销售经理等多个中高级职位。其中工程部经理要求35岁以下，有5年以上行业管理经验。很快一名中年男子向这家公司招聘负责人递了一份简历，并坐了下来。

招聘负责人接过简历，一边浏览一边问他，"你能谈谈你的工作经历吗？"

"我在这个行业是很强的。"中年男子简短而有力地作出回答。

"哦？怎么说？"原本正在看简历的招聘负责人抬起头来，审视了一下眼前的求职者，目光里显然流露出了一些质疑。

"我在该行业做工程项目10多年，可以说，提到我的名字，几乎大家都知道。各零售商、企业我都很熟悉，人脉非常广。仅仅2005年，我的销售额就达到××元。某某酒店几千平方米的场地装修建材，某某医院几千平方米的地板都是我负责接洽的……"中年男子滔滔不绝。此时招聘负责人打断了他："你简历上面写在××公司工作过，后来又很快跳槽到另外一家公司工作，跳槽的原因是什么？在两家企业分别担任什么职位？"

面对这些简单的问题，中年男子却回答得有些语无伦次、闪烁其词、模棱两可。很快招聘负责人结束了这场简短的面试。

案例中，虽然中年男子列举出了一些数据，以证实自己的优秀业绩事实，但是语气较为傲慢、夸夸其谈，会让面试官感觉该求职者综合素质不高。面试时，求职者积极展示自己、表现自己，是为了在众多求职者中脱颖而出、拔得头筹，但高调展示自己、表现自己，甚至"添油加醋"、自我吹嘘，就会弄巧成拙，引起面试官的反感。

　　一位多年从事招聘工作的人事经理谈到，他决定录用一个人除了简历外，更重要的是看面试时求职者的一些小细节，这对每个求职者都是公平的，因为每个人展示自我的时间都是相同的。包括哪些话该说，哪些话不该说，其实都反映了一个人多方面的素质。俗话说"低调做人，高调做事"，高调自我吹嘘、夸夸其谈的求职者往往会令企业退避三舍；相比之下，企业更喜欢脚踏实地、谦虚务实的求职者。

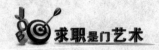

第六节 兴趣和特长的重要

性格内向的张建平是某高校考古专业毕业生。毕业后，班上几个成绩比较优异的同学都加入了考古工作队伍，只有他和几位同学一直"无人问津"。

张建平只好将目光转向考古相关工作的招聘信息。很快他在网上搜索到一家图书馆需要招聘一名图书管理员，招聘信息注明考古专业或有考古相关工作经验优先。欣喜的张建平向这家图书馆投递了一份电子简历。

当天下午他就收到面试通知。第二天面试时，张建平有些紧张，面对严肃的面试官，原本性格内向的他更少言寡语，惜字如金。面试官为了调节他的紧张情绪，主动和他聊天："你平时有哪些爱好？"

张建平沉默几秒，摇了摇头，"除了考古，平时没有什么爱好。"

"那你有哪方面的特长呢？"

张建平想了想，又机械地摇摇头，"除了考古，没有什么特长。"

面试官对他温和地笑了笑，"小伙子，一个人如果没有爱好和特长，进入工作岗位后，无法和领导、同事作很好的沟通，是很难顺利开展工作的……"

张建平心里一沉，他知道这份工作自己没希望了……

创作个人简历时，大多数求职者都会在个人评价或小结中描述自己的兴趣爱好和特长。如果简历中没有作描述，面试时，为了观察和考核求职者的综合素质，面试官也会要求求职者陈述自己的兴趣爱好和特长。许多求职者认为，这些并不直观的个人信息可有可无，工作经验等才是用人单位选用人才的标准。

事实上，无论是行政机关、国企还是民营企业，都十分重视员工的兴趣爱好和特长。因为一个人的兴趣爱好和特长不仅能体现一个人的性格特点；而且在必要的时候，如单位举办的球赛、演出等活动中能起到重要作用。

李先生平时很喜欢打篮球，在校时曾是院队的篮球主力，高中时就已经获得国家篮球二级运动员证书，上大学后又拿到一个篮球三级裁判员证书。在一次大型招聘会上，国内某著名通讯公司要招聘一名行政助理。李先生向这家公司投递了一份简历，面试时，当这家公司 HR 了解到篮球是他的兴趣爱好和特长以后，当即与他签订了就业意向。原来公司所在的系统每年都要举行一次篮球比赛，成绩作为各分公司年终考核的一部分，而公司近年来总是无缘进入复赛，于是公司领导让人力资源部在当年的招聘活动中优先考虑擅长篮球者。

在这里，求职者需要特别注意的是"兴趣爱好"和"特长"的区别。一个人的特长只有寥寥一至几项，甚至没有；但是一个人的兴趣爱好却可能有很多。在填写和陈述自己的兴趣爱好、特长时，应区分、诚实作答，否则就会引起 HR 的质疑。小许参加一场面试，当面试官要求他谈谈自己的兴趣爱好和特长，他如数家珍说出了一大堆，如：看书、上网、音乐、篮球、排球、乒乓球、羽毛球、跑步……长达十多项，既是他的兴趣爱好，也是他的特长，可是当也是排球爱好者的面试官与他聊到排球时，才发现他只是略懂皮毛。丰富而广泛的兴趣爱好和特长并没有让小许脱颖而出，反而被面试官评价为：兴趣爱好、特长广泛，但只是泛，而不是专，并没有特别出众的地方。面试官甚至质疑他对待工作的态度也是如此。

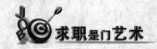

学计算机专业的张川爱好文学，平时常写文章，偶尔也有作品见诸报端。他希望毕业后能够在 IT 行业工作。大三暑假，张川在经常访问的某国内知名网站的主页上，发现该网站正开展征文活动。此时他正好在生活中遇到了一点烦恼，于是有感而发，写了一篇情深意长的文章《离开你的第七天》投给该网站。开学后，张川在 IT 行业中求职屡战屡败。一天，正为求职苦恼的他接到该网站的电话，告知他的文章获奖了。

于是，张川找到网站征文活动的负责人，该负责人得知张川的求职经历后，问他是否愿意到公司来做事，并许诺丰厚的待遇。张川大喜过望，求职的艰难让这份工作显得格外诱人，第二天张川便到公司实习，负责该网站校园版块的策划组稿工作。上班后，张川成功策划了网站和学校的一次联谊活动。在试用期三个月过后，张川终于迈进了自己心仪的 IT 行业。

多年从事人力资源工作的资深 HR 夏先生建议，求职者应尽量挖掘自己与用人单位文化理念、求职岗位相匹配的兴趣爱好和特长。例如销售类的职位需要爱挑战能承受较大压力的人，在爱好中就要突出善于与人交往、交际能力较强的兴趣爱好和特长；如果用人单位经常组织文化娱乐、体育活动等，求职者就要突出爱好体育、音乐之类的特长……

中国四大门户网站之一——网易网站总经理丁磊在一次招聘演讲中，指出网易最需要的是"合适的人"，而不是"合格的人"，在他看来，"合适的人"就是符合公司需要、"急公司所需"的人。案例中的李晓勇、张川各方面条件也许不是求职者中最优秀的，但是他们的兴趣爱好和特长，与用人单位文化理念、

岗位人员素质要求相吻合，这使他们的身上散发出特别出众的光芒，从而在众多求职者中脱颖而出。

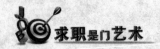

第七节 暗示你被录取的细节

洪伟毕业于一家工业学院，学的是电子软件专业。因为毕业院校并非有名，所以找工作时，洪伟也抱有长期作战的心理准备。

最近洪伟参加了一家公司的面试，仔细算起来，这已经是他这周第八次参加面试，屡战屡败，屡败屡战。到了公司，接待室里已经有六位求职者在等待面试。洪伟趁机会偷偷瞄了几眼他们的简历，却出了一身冷汗：有本科毕业生，也有名校的本科毕业生，甚至还有一位硕士。

轮到洪伟时，他心不在焉、垂头丧气地走进了面谈室。让他出乎意料的是，面试进行得非常顺利，面试官并没有问一些比较有难度的问题来考察他。十分钟后，面试官自顾自地谈起了公司的现况和发展目标，员工的薪酬待遇和发展空间都让人听后怦然心动。洪伟沉默地听着面试官激情讲述，心情却很忐忑，有那么多比自己学历高的求职者，他觉得自己应该没戏的吧。

面试结束时，面试官笑盈盈送他出门，告知他会在一周内通知他是否录取。洪伟却觉得已经没有希望了。他在家里等了两天，听说班上好几个同学去了上海，而且已经找到了不错的工作。洪伟求职心切，当天晚上就买了去上海的火车票。

他刚刚抵达上海火车站，还未出站口，那家公司竟然打来了电话，通知他当天下午到公司报道，办理入职手续。洪伟傻了眼，站在出站口。看来他只有买一张到北京的飞机票马上返回北京了。

面试结束后，往往会有一个等待复试或录取通知的环节，这个环节短则一两天，长则要一周甚至半个月的时间。对于求职者来说，这段时间是求职过程中最难熬的。

黄小姐是一家经营电子数码产品商场的人事主管，最近她面试了一位应聘美工职位的求职者，对方各方面表现让她很满意，她告知求职者将在一周内通知她是否被录取。五天后，当她打电话给这位求职者，通知她已被录取，这位求职者却突然失声哭起来。原来她在面试后第三天匆匆找到了一份工作，工作内容既繁琐又毫无发展空间，但渴望一份工作的她还是和这家公司签了约。如果此时她辞职走人，还要向这家公司缴纳一定的违约金。

"如果我早知道会被录取，就不会和现在供职的这家公司签约了……"最后，求职者向黄小姐埋怨道。黄小姐感慨，其实在面试结束时，她已经有意和无意地暗示了这位求职者，她被录取的几率是很大的。

面试即将结束时，面试官往往会向求职者传递一定的讯号，如果求职者够细心，就能从中发现端倪，从而在一定程度上准确判断出自己应聘成功的几率。

资深的人力资源专家，中国职业经理人行业领军人物牛锦儒表示，如果他对一位求职者比较感兴趣，他会保证面试结束时，明确告知求职者他的决定时限，而不是含糊其辞或不确定。

面试中，如果面试官努力向求职者"推销"公司或求职者应聘的职位，求职者应该多加留心，因为对于面试官来说，当自己想聘用某位求职者的时候才会花额外的时间谈论这个职位及公司的优势，并且会努力详尽

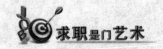

描绘出也许会吸引求职者的工作角色或企业文化。

牛锦儒说，"我总会问求职者还有什么问题，当我对某位求职者非常感兴趣的时候，回答会深入很多；如果我对某个应试者不是特别感兴趣，那么我会寻找机会结束面试；面试结束后，如果我把你介绍给其他人、或带你参观办公室。你要知道，如果我不会聘用你，我不会做这些额外工作，浪费任何人的时间（包括你）；如果我向你的推荐人打听你的情况进行核实时，也应当引起你的注意，因为这太费时，如果我对一位面试者不感兴趣是不会去做的。"

聂远青凭借着自己过硬的专业技术能力、智慧、耐心、和敏锐的观察能力，顺利进入了一家世界 500 强企业，安全通过试用期，最后成为了该企业一名正式员工。

直到现在，聂远青依然记得进入这家 500 强企业以前，接受这家企业人事经理面试的幕幕情景。尤其是面试结束后，人事经理告诉她："我们将在两周内通知你是否被录取。"尽管没有当场听见自己想要的答案，但是聂远青已"心中有数"：面试进行到后面时，人事经理一再询问她对企业提供的薪酬待遇等有怎样的看法；询问她目前有怎样的时间安排，如果被录取，何时能到岗工作。在观察敏锐的聂远青看来，这些"刨根问底"的问话无一不向聂远青传递着讯号——尽管还没有最后的定音，但是就这些积极的讯号而言，她是极有希望得到这份工作的。于是在接下来的两周内，她随时保持电话畅通，并从各方面渠道收集这家企业的相关资料。后来她果然被通知录取。因为提前做了准备，进入企业后，她很快融入到企业氛围中，安全度过了试用期，成为了梦寐以求的世界 500 强企业一名正式员工。

　　如果面试官比较欣赏、有意聘用一位求职者，会在面试中或面试结束时，有意或无意向求职者传递一些积极的讯号，细心的求职者能从这些面试细节中，敏锐捕捉到面试官的一些暗示自己是否能应聘成功。当然，这些有意或无意的暗示也并不是绝对的，因为在面试后的等待环节，面试官可能在后面的面试中遇见更适合这份工作的人选。但无论如何，只要面试官向求职者作出了相关暗示，传递了积极的讯号，求职者已经拥有极大的被成功录取的几率。

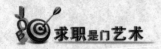

第八节 一开始就注定了结局

　　陈菊通过网络向一家房地产企业投递了个人简历，应聘行政专员职位。简历投出后即石沉大海，杳无音讯，就在陈菊已不再对这家企业抱任何希望时，这家企业人事专员却突然给她打电话，通知她第二天到企业参加一场面试。

　　原以为这家当地名企的面试官一定非常严格，高高在上，不可接近，但出乎她的意料，这位三十多岁的面试官虽然看起来是有些严肃，说话却非常亲切，平易近人。在交谈中，面试官提出的一些问题都很简单、温和，仿佛拉家常一般，这让陈菊感觉轻松、惬意而温暖。很快他们聊到了共同的兴趣爱好——读书、旅游，陈菊抓住了这一机会，兴高采烈地讲述自己读了哪些书、去过哪些风景秀丽的旅游景点，并阐述了自己的读书、旅游心得，面试官的脸上始终微笑着，似乎在很用心地听她讲述。

　　面试在非常融洽的气氛中结束了，陈菊甚至感觉自己有些意犹未尽。面试结束后，陈菊自信满满地等待着这家企业打来电话，通知她被录取了。可是一周过去了，两周……直到一个月后，陈菊也没有收到这家企业的任何消息。

　　当陈菊得知自己的一位小学同学在这家企业做置业顾问，便央她替自己打听为什么自己会被淘汰。打听到的结果令陈菊震惊、气愤，却也哭笑不得：原来这家企业行政专员刚提出离职，公司就在网络上发布了招聘信息。就在陈菊面试的那天上午，那位行政专员又提出不走了。所以这只不过是一场"注定了结局"的面试，而陈菊也不过走了一个"过场"而已！

美国《商业周刊》生涯专栏作家瑞兹·黎安曾是美国一家公司的人事部主管，在招聘领域工作多年后，他总结出了美国招聘领域中一套潜行的面试规则，并在《商业周刊》中写出了自己的感受：有时，人们往往感觉事情正向自己想象的方向发展，但最后却猛然发现远不是那样，事情依然原地踏步不动，这样的错觉在求职者面试工作时经常出现。

瑞兹·黎安说："多年来，找工作的朋友和同事面试后经常会这样告诉我，他们与面试官进行了一次富有成效的交谈。这听起来似乎预示着成功近在咫尺，但以后发生的事通常是用人单位杳无音讯，工作不了了之。"

"我真难以相信，"很多人如此抱怨说，"这是我找工作以来感觉最好的一次面试。我向面试官讲自己的经历，讲到兴头时，我们还一起开怀大笑呢！我认为面试官是欣赏我的，但却很难相信在这之后再没有得到他们的消息。"

面试时，友好、顺畅、愉悦的沟通能营造融洽气氛，促进面试官对求职者加深良好的印象。但一些求职者往往都经历过这样的困惑：面试中，明明自己的表现自我感觉非常好，而且也受到了面试官的一次又一次的赞美和肯定，可面试结束后，依然杳无音讯，被淘汰出局。他们费尽了心思，也猜不透自己被惨遭失败的原因是什么。案例中，陈菊恰好有一位同学在这家企业工作，打听出了其中原委，否则陈菊永远都会被蒙在鼓里。

一场面试在看似轻松、融洽的气氛中结束了，求职者自我感觉良好，但事实上用人单位已经没有了用人需求，这是一场一开始就已经注定了结局的面试。所以如果求职者没有被录取，不要过分自责，原因不在你。

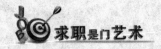
李成燕今年已经二十八岁了，她没有想到十年前一场面试的失败，竟影响了她整整十年的职业生涯，让她有了自卑心，而且越来越强烈，甚至根深蒂固。如今十年后她才偶然得知十年前面试失败的真相……

十年前，十八岁的李成燕中专刚刚毕业，有一天在晚报上看到一份招聘话务员的广告，心里痒痒了一个晚上之后，她决定去试一试。

攻读师范专业的李成燕能说一口标准而流利的普通话，按理说这个要求不高的话务员职位，她轻轻松松就能拿下，而且面试过程也很顺利，面试官对她非常满意，可出乎意料的是，半个月之后，她收到了一个她焦急等待的那个公司的信封，里面是一张小小的纸条，纸条上印了"希望下次有机会合作"之类的话。一直以来，被学校和家庭长期重视的她，几乎没有过失败的经历，这一次的她大受打击，自信心受到了重挫。那以后，她的一年多时间陷入到了深深的自卑当中，那甚至影响到了她的爱情。

后来，毕业分配工作时，经过层层选拔，她被分到了省里一所重点中学担任语文老师工作，一直到工作数年后，她还以为这份工作是父亲托了熟人、走了后门得来的。

最近有一次，她和朋友们聊天时说到这家公司，原来招聘广告发布后，公司总经理突然又决定从公司业务员中挑选一位熟悉公司业务的员工做话务员，所以即使前来的求职者们有多么优秀，公司都是不会再考虑的。

一般来说，有素养的用人单位或面试官在得到取消应聘岗位的消息后，就会第一时间通知求职者，以避免求职者参加一场无谓的面试，浪费双方的宝贵

时间；但也有一些用人单位认为这样做会给公司带来负面影响，所以会选择面试照常进行。面试过程中，如果求职者从一些细节察觉到面试官心不在焉、敷衍了事，并没有刨根到底考察求职者能力的意图，一定要提高警惕。

第九节 当心"智力陷阱"

美术学院设计类本科专业毕业的李晨，不仅有扎实的美术设计功底，而且他在毕业后两年内积累了丰富的平面设计工作经验，他对找到一份满意的专业对口的工作充满了信心。

李晨平时就喜欢把自己的一些业余作品放在网上供人欣赏。前不久，他刚把自己的最新设计放上网页，湖北一家公司就通过他的联系方式和他取得了联系。这家公司在电话里说得天花乱坠，承诺如果他们采用了李晨的设计，不仅会支付给他一笔不菲的报酬，还可以安排他进公司工作。

兴奋不已的李晨花了三个晚上给这家公司设计了一种包装样式，未料对方通过网络收到作品后就杳无音讯。后来，李晨在网上看到这家公司的一种产品包装和他的创意很相似，打电话给该公司，对方却死不认账，更谈不上支付报酬和安排工作了。这时李晨才恍然大悟，原来他不慎跌进了时下网络、报纸上屡屡曝光的"智力陷阱"。

面对越来越严峻的就业形势，求职者们"八仙过海，各显神通"，为了谋得一份心仪的工作而使出了"十八般武艺"。但是一些急于心切的求职者往往在求职过程中"着了道"，不慎跌进不良企业、劳务中介公司设置的各种陷阱。比较常见的有扣留证件、暗收违约金、以体检等各种名义收取费用等等。其中，"智力陷阱"近年来屡屡出现，频频被媒体曝光。

所谓"智力陷阱"，指的是求职者被不良企业以考试为名无偿占有求职者的程序设计、广告设计、策划方案、文章翻译等。之所以与传统的求职陷阱以"智力"区别，是因为相比之下，"智力陷阱"更隐蔽、也更无耻。而且跌入"智力陷阱"的求职者往往都是一些工作经验丰富、专业技术水平较高的人才。

据智联招聘进行的一场招聘陷阱调查显示，55%受访者表示自己曾经遇到过"智力陷阱"。在求职者遇到的各种求职陷阱中，"智力陷阱"以23%的比例上升到第三位。目前，很多中小企业、甚至个别大型企业都利用求职者在应聘考试中急于表现自己的心理，将公司内接下的项目作为考试题目直接交给求职者完成，在不付出任何成本的情况下骗取求职者的劳动成果。

软件工程师张先生应聘一家软件公司，公司还招聘美工、文案等岗位，包括张先生在内共有八位求职者参加了笔试。公司经营状况良好，工作环境整洁，招聘流程正常，岗位提供的薪酬符合市场价位。一切看似都在常理。公司公布了笔试内容：上机编写一段程序，使用规定的编程语言，时间不限，可以上网查询相关资料，但不能相互交流，只要能完成目标。笔试结束后，张先生对自己的成果非常满意，却意外地没有接到公司的录取通知。后来一位与张先生有相同经历的求职者通过媒体曝光了这家公司的"智力陷阱"，张先生才恍然大悟：笔试时的八个人，每个人的试题不同，而他们的看似八段程序，合起来恰好能整合成一个项目。

一些不良企业以招聘为幌子，收取简历、组织面试，窃取求职者殚精竭虑作出的一份份计划书、策划创意和科研成果。求职者丢了无形资产——思路，却没得到工作，而用人单位却乐得吃上一顿营养丰富的"免费午餐"。

人潮熙攘的人才市场。

小吴兴奋地怂恿同伴小徐，"你看这家广告公司的待遇不错，咱们投份简历吧！"

小徐却冷静地摇了摇头，"你没看见这家公司要求求职者带上自己的作品吗？别去了，会上当受骗的。"原来，在最近一个月内，处于求职状态的小徐，他的作品已经被剽窃了两次。

小徐的求职意向是广告文案策划工作。第一次面试时，他被用人单位要求做一份某公司媒体宣传策划方案，这家公司是用人单位刚刚洽谈下来的一家客户。小徐熬夜做了一份方案，兴冲冲送到用人单位。策划总监看了他的方案，面无表情，没有表现出任何的欣赏或是不满。小徐心情忐忑，最后被用人单位要求回家等消息。用人单位杳无音讯一个月后，小徐在电视里上看到了那家公司的广告，连广告词和他方案里撰写的广告词都一模一样。

小徐很快接到了第二家公司通知面试的电话。这一次用人单位并没有要求他做策划，却要求他带上自己在前一家公司策划成功的作品参加面试。面试过后，小徐依然没有收到这家公司通知录取的电话。网络上曝光一些不良企业的"智力陷阱"报道后，小徐这才恍然大悟，自己中了用人单位的圈套。可事情远远没有结束，这家用人单位竟然采用了他的方案，而且执行过程和小徐前工作单位的执行几乎一样，引起了小徐前工作单位的注意。他们打电话给小徐，指责他"没有职业操守"。小徐正是有苦说不出，不仅没找着工作，反而与前工作单位结下了"梁子"。

毕业于北京大学法学院、中国法学会会员李振革律师提醒求职者，避开"智力陷阱"主要方式有：一是提交策划案等劳动成果时要准备两份，一份提交，一份自己留存，在留存份上要求招聘单位签字确认，以便将来能够证明劳动成果内容。二是在提交策划案时附上"版权申明"，并要求招聘单位签收。最好申明：任何收存和保管本策划案各种版本的单位和个人，未经作者同意，不得使用本策划案或者将本策划案转借他人，不得随意复制、抄录、拍照或以任何方式传播。否则，引起有碍作者著作权之问题，将可能承担法律责任。

　　因为不良企业都是利用求职者急于想找到工作的心理而为求职者设置"智力陷阱"，无形而堂而皇之，所以"智力陷阱"往往让求职者防不胜防。没有及时留下有效的维权证据，以至于求职者在上当受骗后，不能通过法律维护自身的权益。在不能判断招聘单位真实意图，又想获得工作的情况下，求职者需要对自己的劳动成果进行保护，擦亮眼睛、提高防范意识。

第八章

未谋其职，如何反思？已谋其职，如何胜任？

面试结束后你会做什么？通过一项调查数据显示，有 85% 的求职者表示面试一回到家，就会立刻通过各种渠道搜索其他招聘信息；或"马不停蹄"赶赴下一场面试。

面试结束，并不意味着求职结束。一场面试过后，我们往往会有一个等待录用与否的时间。在等待期间，我们除了"等待"，还可以做些什么？感谢信该不该写？怎么写？如何给 HR 打善后电话……当然，最重要的是你是否对这场求职做了有效的总结。

求职的竞争，是一场激烈而残酷的战场之争，被录用的求职者固然兴高采烈，但倘若仓促上岗、盲目就任，未必能安全通过试用考核期，正式成为用人单位的一名员工；出局的求职者伤心难过，但有心人总是能充分总结自己被淘汰的原因，积累一笔无价的面试经验，在下一场求职竞争中，有更加精彩、perfect 的表现，成功爆发出自己的"小宇宙"，成为下一场求职竞争中的"王者"！

所以，一场求职结束后，无论你已谋其职，还是未谋其职，都有一些有意义的事情需要你去做。本章节将为你讲述：未谋其职，如何反思？已谋其职，如何胜任？

求职是门艺术

第一节 感谢信——写 or 不写?

一位网名叫"单行道双车道"的网友在厦门小鱼BBS上发表了一篇咨询帖:本人最近失业了,光荣地成为了茫茫"求职大军"中的一员。听朋友和同事讲了一些面试经,有一些说在面试后要给对方写封感谢信,可是觉得有点怪怪的,而且也不知道怎么写,想听听网友们的建议!"单行道双车道"最后表示,他有一位朋友还真的写过感谢信,而且也进了一家还不错的单位!

猫兔乖乖:没有这个必要吧,该表现的在面试时好好展现出来,写封信估计不会增添多少印象分!

从事人力资源工作的"黑MM"建议:个人认为,求职者如果面试结束后给面试官发一封感谢信,这是个不错的行为,至少证明你是在乎这份工作的。

秋天里的树:如果你面试的感觉不错,你就马上写封信感谢一下。如果你对这个公司有想法,也要在面试结束后把你的想法写个信告诉面试官,那样给人的印象粉(很)好。如果当时的情况粉(很)好,那就不写。主要看你与对方谈得效果,还有你自己有没有想法。

求职者在面试后向用人单位致一封感谢信,到底是画龙点睛,还是画蛇添足？

　　面试感谢信是对面试官的尊重与礼貌，可以加深面试官对求职者的良好印象。面试后的感谢信写得好，会增加求职者被录用的机会。尤其是私企和外企，比较注重求职者的这些细节表现。

　　记住：一、一定要在面试当天之内或接下来一两天内写好面试感谢信并发给对方；二、如果你的文字表达能力差强人意，甚至会写一些错别字，就不必写了！

　　面试结束后，面试官会对求职者的整体印象作一个回味和评判，在一两天内也会对求职者有比较清晰的印象，此时求职者致上一封感谢信，会让面试官再次记住求职者，而且面试官在作出综合评判时，收到求职者的感谢信，往往会作出意想不到的录取决定。

　　如果求职者的文字表达能力差强人意，甚至时不时跳出一个错别字，无疑这封原本热情洋溢的感谢信就真的是"画蛇添足"，也给面试官留下了"深刻的印象"，却是不细心、文字表达能力差的深刻印象。

　　一般来说，感谢信中一定要点名感谢自己的面试官，此时一定要注意，把面试官的姓名与职称写对了，写对了会加分，可一旦写错了，则是非常不礼貌的事情，反而弄巧成拙。

　　当然，感谢信的意义并不仅仅在于"感谢"，所谓：醉翁之意不在酒。聪明的求职者会在感谢信中重申与应聘岗位的匹配，表明自己通过面试，对该公司及该公司招聘的岗位有了进一步的了解，因而对这个岗位有了更加浓厚的兴趣，并且要在感谢信的这部分，想办法提醒面试官，你如何能够利用你的专业、技术或者工作经验，来不断满足或持续改进该岗位工作的某些关键性需求。

　　感谢信的言语要言简意赅、重点突出，这样不仅会令面试官对你的印象加深，更会对你产生一股好感。所以一封感谢信发出后会达到什么效果，是画龙点睛，还是画蛇添足？关键是求职者要掌握写感谢信的技巧和艺术！聪明的求职者往往会利用感谢信再次抓住工作机会。

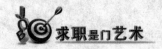

　　刚跨出大学的门槛，便有一家外资公司通知我去面试。那家公司总经理是个美国人，名叫劳根，和蔼可亲。在一番亲切交谈后，他很高兴地给了我一张他的名片，我恭敬地收下了。近半个小时的面谈，给我留下了深刻的印象。

　　接下去的日子便是漫长的等待，天真的我日日守在电话机旁。但一个星期、两个星期过去了，杳无音信，而且我在等待中放弃了其他机会。

　　无奈中，我又翻阅招聘广告，都不太合我胃口，我才知道，我是很在乎那份工作的，于是我找到总经理的名片，按地址写一封信，感谢总经理劳根先生给我面试的机会，并期望得到进一步通知。当白色的信封投入绿色的邮筒时，心里一阵轻松。第三天，便接到劳根先生的电话。他用英语说："You are employed, congratulation！"（祝贺你被录用了！）我禁不住雀跃欢呼。

　　上班后再次见到劳根先生，我问他，为什么会录用我？他笑着说，因为你的那封信让我觉得你是一个有礼貌的人，我们美国面试后有个惯例，要写一封感谢信给那家给予面试机会的公司，而在五十多个应聘者中，你是唯一的一个。

　　每个就业机会，都会遇到竞争对手，各人的能力素质是很难比较的，这时候，无论你使用什么方法，只要能引起公司对你的注意，在厚厚一摞应征信中找出你的履历，你便成功了。

　　如果在面试过程中表现失误、留下遗憾怎么办？许多求职者只是事后后悔，寄希望于下次不再犯类似的错误。其实，面试后的感谢信可以弥补面试或简历中的不足。例如，求职者简历中工作经历跳槽频繁，引起面试官的质疑，求职者可以在感谢信中这样写："尽管在我的工作经历中，五年时间做过四份工作，但我从上大学期间就开始在专业网站做义务的论坛管理员，至今已经七年多了，这表明我具有专注与献身精神。"将对方的注意力成功转移到有助于成功应聘的信息上，极有可能在最后扭转乾坤。

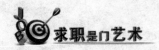

第二节 善后电话的艺术

最近杨雷杰参加了一场用人单位组织的面试，公司总经理亲自面试了他和其他几位的求职者。他自认为无论是专业技术能力，还是面试现场表现出来的综合素质，他都是求职者中的佼佼者。面试结束后，总经理还亲切地拍了拍他的肩膀，说，"小伙子，你的表现非常不错，回家耐心等通知吧！大概三四天就会有结果！"

杨雷杰在家里等了三天，没有接到该用人单位的录取电话。他通过多种方法找到了这位总经理的电话号码和名字，然后找了一个安静的地方，拨通了这位面试官的电话。

总经理刚接到他的电话时，语气很惊讶，杨雷杰趁机简明扼要地说道，"是这样的，通过面对面的交谈，我觉得自己更适合贵公司的这份工作了，我认为……"他紧紧贴合面试时总经理重点描述的一些岗位要求，通过举实例说明，阐述了自己认为自己能胜任这个岗位的原因。

短短几句话后，他转而询问面试的结果，总经理沉吟了半晌后，说道，"小伙子，本来在你面试后，第二天来面试的一位求职者也挺不错的，这几天我一直在考虑这个事情……但听你这么说，看来还是你比较适合这个工作……这样吧，你明天就到公司办理入职手续！"

　　面试过后，很多求职者都在犹豫要不要主动打个电话问问结果？问了，会不会显得自己不自信、没耐心呢？更重要的是会不会扰乱对方的正常工作秩序，引起对方的反感？不问，又坐立难安，惟恐自己失去了这份心仪的工作。

　　面试结束后，求职者有没有必要打电话到用人单位咨询面试结果？

　　一般来说，面试后主动给面试官打一个电话，传递了求职者对这份工作充满了期待和真诚的积极信息，能加深面试官对求职者的印象。

　　一位从事人力资源工作的资深 HR 坦率说道：如果求职者在向公司投递简历后打电话到公司，辗转得到 HR 的电话，追问 HR 是否已收到简历，是否同意让他参加面试，这对大多数招聘人员来说，都是感觉不胜其烦的；但是如果在面试中自我感觉良好的求职者，面试过后主动打电话给面试官，咨询面试结果，面试官会很乐意接受求职者的"主动性"，如果求职者落选了，也会真实告知求职者落选的原因。

　　面试是一个双方接触的过程，人在比较熟识之后都会对对方有熟悉的好感，而对陌生人比较排斥。除非求职者在面试过程中表现得特别令人憎恶，一般来说，面试官都不会排斥接到求职者的"善后"电话。

　　一场面试结束后，面试官会当场告知求职者是否被录取；或告诉求职者最迟通知录取与否的时间。如果过了这个时间，用人单位还没有给予求职者确切的答复，求职者可以在这个时候打电话到用人单位咨询结果。需要特别注意的是，即使求职者非常心仪这份工作，也不能在面试结束后就立刻打电话到公司追问结果。或是在等待用人单位通知录取与否的时间内，天天打电话到用人单位追问，否则对方在求职者轮番的"电话轰炸"下不胜其烦，就会导致"善后电话"弄巧成拙。

需要特别指出的是，求职者在不知面试官电话和名字的情况下，不要盲目打电话到用人单位，辗转找到面试官，这样会扰乱公司正常的办公秩序，引起用人单位所有接到电话的人对求职者的反感。

顾梅应聘一家培训机构的德语老师，面试过后，她自我的总结是：不好也不坏，既没有表现出特别出彩的地方受到面试官的赞美与肯定，也没有任何不得体的言语和行为。面试结束后，面试官告诉她截止下周二，面试就会有最终结果了。

到了周二，顾梅焦急地等待了一整天，也没有接到这家培训机构打来的电话。在估摸培训机构即将下班的时间，顾梅主动给那位面试官打了一个电话，面试官礼貌地告诉她，他们已经找到了最适合这个岗位的新员工，顾梅霎时心情低落，但她没有忘记再次礼貌感谢这位面试官，面试官沉默了几秒，突然说：

"你等等！你叫顾梅是吗？我记得你的口语能力挺好的，只是我们的这位新员工比你多了三年的德语老师工作经验。这样吧，我有一个学生是一家外企的管理人员，他们企业要招聘一名德语口语能力较好的翻译，你可以到他们那里去面试看看……"

打电话到用人单位咨询面试结果，如果需要等待，招聘人员会告诉你；如果不适合，招聘人员也会告诉你，专业的 HR 不会拒绝你的电话，因为对于 HR 而言，你的不合适只是暂时的，或许将来你还有其他的机会。而且如果 HR 表示你不适合这个岗位，求职者可以趁机向 HR 咨询自己面试失败的原因。对于一个面试失败的求职者来说，找到面试失败的真正原因，才是一笔无价的精神财富。

　　有时候，用人单位也会有犹豫，比如求职者的态度与进入公司的诚意；或者也有忙碌的时候暂时忽略了求职者。求职者的"善后电话"打到用人单位，也许会有多一分的进展，多一次的机会——当然这只限于求职者在面试过程中、感觉比较好的情况下。

第三节 总结面试经验

　　一大早，龙小姐拿着一沓个人简历赶到了人才市场，她想找一份文秘类工作，一上午，她的个人简历如雪花般散发到各个招聘公司的展台上，没有想到，现场就获得了两家公司的面试通知。

　　接下来的一个星期，她一连参加了三场面试，还陆陆续续接到了一些面试电话，往往在一场面试结束后，她又马不停蹄参加下一场面试，每一场面试她回答面试官的提问时都千篇一律，采取同样的应试策略，说同样的话、做同样的事，最后她甚至回忆不起自己到底参加了哪些公司的面试，更遑论面试的内容了。同时她的电话随时保持着畅通，就连晚上睡觉也不敢关了手机，怕哪位晚上正在加夜班的面试官突然打电话给她，通知她已经被录取了呢。

　　尽管龙小姐采取了"撒大网捞鱼"的策略，心想即使捞不着大鱼，捞一条有成长前景的"小鱼"总是没有问题的吧，没想到一个月过去了，她竟然没有接到一个通知她被录取的电话，"小鱼"也成了漏网之鱼。

　　当下求职竞争的残酷，求职者屡屡碰壁后，才获得一次得来不易的工作机会，已屡见不鲜。甚至有的求职者失业数月、半年后才能谋得一份心仪的工作。一次面试就成功，对大多数求职者来说，只是一个"美丽的童话"。

面试过后你会做什么？通过一项调查数据显示，有85%的求职者表示面试一回到家，就会立刻通过各种渠道搜索其他招聘信息；或"马不停蹄"赶赴下一场面试。然而，在每一次面试结束后，求职者就急匆匆投入到下一场面试的准备工作中，而忽视了要对每一次面试做一次总结和分析，导致前一次面试中犯的错，在第二次、第三次……面试中屡屡重蹈覆辙，最终导致求职者找工作屡屡碰壁。

面试的意义远远超过面试本身，每一次面试都是一堂宝贵的求职课，为了早日进修完成这门课，势必要求每一位求职者做好笔记、及时复习、进行总结和分析。从面试中总结经验，是万万不可忽视的。

一场面试结束后，求职者及时总结和反思自己在面试中的表现：如果自己回答了一个让面试官非常满意的问题，就要及时记录下来自己回答问题的方式，以备在以后的面试中借鉴；倘若面试时面试官提出了一个问题，自己没有回答上来，或回答得不够尽善尽美，则要及时查阅相关资料，弄明白问题的答案、回答问题的方式。因为一般来说，大多数求职者都会按照自己的职业理想、职业规划寻找匹配的工作机会，面试岗位大多大同小异，不同公司的面试官，很有可能会考核求职者同样的问题。

那是张晓晨人生中的第一场面试。一脸紧张、掌心里渗出了汗水的她，略低着头，战战兢兢地看着坐在宽大的办公桌后面，高高在上，一脸严肃的面试官。

面试官扶了扶眼镜，"你是大专文凭？"

"是的。"

面试官顿了顿，问道，"你有过2008北京奥运会志愿者经历？"

"是的。"

面试官皱了皱眉，沉默半晌后，一边看着简历，一边冷不丁又问了她一个问题，"你是家里的独女？"

张晓晨一愣，脑子里顿时懵了，面试官为什么要问她这个与工作无关紧要的问题呢？他有什么目的呢？脑子里一阵迷乱的她嗫嚅地说道，

"不是。"

随后面试官又淡淡问了她几个简单的问题，就打发她走了。这天晚上，张晓晨躺在床上想着白天的面试经历，无论如何也睡不着，总觉得想要做点什么，于是她起床来打开日记本，记录了今天的面试经历，顺便做了一个分析，又把今天的故事打电话咨询导师，导师对她作了更深入的分析，她点滴都记在了心上。

第二次面试的时候，出乎意料的是，面试官又问了她类似的问题。

"你是大专文凭？"

"是的，虽然我只有大专文凭，但是我有过硬的专业知识基础，业余时间也有丰富的实习经历……"

"你有过 2008 年北京奥运会志愿者工作经历？"

"是的，这段经历让我非常自豪，同时也从中受到了启发，要注重团队精神和坚韧的毅力，能帮助我在工作中更好地学习……"

"你还有三个哥哥？"

"是的，正是在这种环境中，我养成了一种男孩的性格：豁达、开朗、坚韧。"

面试后第三天，张晓晨就收到了这家公司的录取电话。

屡屡失败并不可怕，可怕的是每一次失败都缘于同一个原因；屡屡成功并不珍贵，珍贵的是能从每一次成功中汲取经验。一次面试结束后，无论感觉如何，成功与否，都应该做一个回顾，总结和分析，对于自己的表现和谈吐，可以根据自我评估分成"回答较好"及"需要改进"两部分。对于"回答较好"的部分，可以在以后的面试中合理且合适地运用，对于

自知可能回答得不太好的问题，可以与同学、朋友、家人谈论，总结经验，以便在下次面试时遇到类似问题做到对答如流。

　　通过总结，求职者对于一些同类行业所经常使用的面试问题是可以进行一定推测的。等真正碰到这类问题时，由于有所准备也就不会紧张，从而做到游刃有余。此外，在反省了自己面试失败的原因后，通过几次思考，还会发现自己不但可以预测到一些常规性面试提问，还可以推测一些特殊的、符合面试单位企业文化的个性化提问，能得到出其不意、画龙点睛的制胜法宝。

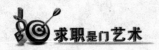

第四节 已谋其职如何胜任?

在求职茫茫大海里苦苦挣扎了一个多月后，蒋玲玲终于找到了一份心仪的外企部门经理助理工作，用蒋玲玲自己的话说，就是"终于找着组织啦"！上班第一天，她兴冲冲地赶到公司报到，人事部接待她时，明确告知她公司有三个月的试用期，如果通过了试用期才能成为公司一名正式员工！心情大好的蒋玲玲自然忙不迭点头答应。

三个月后，蒋玲玲兴高采烈地到人事部询问有关自己转正的事情，得到的却是被炒了鱿鱼的晴天霹雳。好不容易找到的一份好工作就这样失去了，而自己又将踏上继续求职的漫漫路途，蒋玲玲很伤心，交接工作的时候她一边哭一边向经理诉苦，不明白自己为什么自己会被炒了鱿鱼。

这位经理告诉她："人事部那张试用期审核单上大大的"不合格"三个字就是我写的，如果你还是不明白自己为什么被炒了鱿鱼，你一直觉得自己做得很不错，那么我来告诉你。

你来公司第一天，八点半上班，你八点二十五踏点而来，而我这个部门经理已经帮你把公司卫生都打扫干净了；

你来公司第二天，我跟客户谈业务忙得不可开交，来了电话让你接，你却告诉我你以前从来没接过电话；

你来公司第三天，我让你翻译资料，并且告诉你翻译好后要仔细检查几遍，但是你给我的时候连打的中文资料里都错别字一堆堆；

你来公司第四天，接电话时差点把总经理电话泄露给推销员，好在我及时切断了电话，我终于明白为什么最近我总是接到莫名其妙的推销电话了；

你来公司第五天，我无意听到你跟其他部门的同事埋怨为什么我学历比你低工资却比你高还是你的上司，一定是跟总经理有亲戚关系，我只想告诉你，我真的跟总经理不是亲戚；

你来公司第六天……

所以你离开的时候我还是很真诚地提醒你到下一个公司一定要改掉一些毛病，因为我也是从你这样的新人一步一步走过来的，只是我的第一个上司更严格，所以我现在坐到了这个位置，因此我感谢他。"

求职之路漫长而坎坷，即使求职者被用人单位告知已被录用，也并不意味着求职者立刻就能成为用人单位一名正式员工——求职者只有顺利通过用人单位试用期的考核，才能为这场求职以成功划上一个完美的句号！

试用期包括在劳动合同期限内，但劳动关系还处于非正式状态，用人单位对求职者是否合格进行考核；求职者对用人单位是否符合自己要求进行了解。试用期短则一两天，长达三个月（依据劳动合同法规定，劳动合同期限在3年以上的，才可以定6个月的试用期）。试用期是一场时间比较长的"面试"，求职者只有顺利通过用人单位试用期的考核，才能成为用人单位一名正式员工。所以求职者在收到用人单位的录用通知以后，应该尽快找到胜任这份工作的突破口，以顺利通过试用期，结束自己的求职之路。

　　试用期期间，求职者能否充分展现自己的专业技术能力，尽快进入岗位角色，是用人单位考核的重点项；而现在大多数企业也比较注重求职者人际交往能力的表现。

　　有的求职者在试用期期间，对于岗位职责以外的事情，往往采取事不关己、视若无睹的处事方式和态度。比如，邻桌的电话铃响了，他理都不理。某外资企业的人力资源经理说："这样的人，缺乏现代企业所必须具备的团队合作意识，即使再优秀，我们都不会留用。而一些新员工会主动地接起电话，询问对方有什么事，要不要转告或回电话等。其实，这也是一个新员工进入公司后与老同事进行沟通、处理好人际关系的一条很好的途径。"

　　单晓颖通过一轮又一轮的笔试、初试、复试，最后终于如愿以偿进入了这家薪金和福利待遇都颇为丰厚的外企，双方约定试用期为三个月，三个月后如果单晓颖通过了公司的考核，就能成为公司一名正式员工。

　　单晓颖曾经有四年的工作经验，初入这家公司，她非常熟稔地很快进入了工作状态和环境，充分表现出她的交际能力，不仅让领导满意对她的工作能力，而且也和公司同事们打成一片，和其他部门的同事相处融洽。

　　一切看起来如鱼得水，可是眼看试用期即将结束，单晓颖心里却迟疑了，这几天，她都有些闷闷不乐。

　　原来单晓颖曾经从事的工作是市场营销策划，虽然也是和她喜欢的文字打交道，但是每天还要接触客户，做市场调查等等，工作起来一点也不枯燥，很有挑战性。可是现在她的岗位是公司所负责的一本杂志文字编辑，每天完全和文字打交道，整天都伏案工作的她，除了和同事们说说话，几乎很少有机会说话了。而且最重要的是，她觉得自己似乎更适合市场工作，更喜欢市场工作，编辑工作并不适合她的职业规划。

　　通过再三考虑，在试用期即将结束前三天，单晓颖主动找到部门领导和人事部，坦率表达了自己的想法，提出辞职。她端正的态度让部门领导和人事部负责人都接受了她的辞职申请，而且她忠于自己职业规划的态度感动了她的部门领导。当单晓颖递交离职申请时，部门领导引荐她到另一家企业从事市场营销工作。企业负责人是部门领导大学同学，而且这家企业在当地同行内无论规模还是业绩、员工薪酬福利待遇都是数一数二。

　　试用期是用人单位与求职者之间的一个双向选择的过程。作为求职者，一是要尽力表现自己并寻求认同，获得满意的工作；二是在试用期期间对企业进行一个自我的观察和考核，判断企业文化及各方面是否适合自己。

　　我们每一个人所忠诚的是自己的职业生涯，而不是某一家公司。

　　当我们制定好自己职业生涯计划的目标后，公司所提供的仅是求职者为了实践该目标的一个阶段性平台。求职者可以借此透彻的分析或考量该平台是否可以实践自己在这个阶段中所要获得的知识、技能及相关的经验等，同时，企业的价值观是否能够与自己长远的发展，如性格，兴趣等相匹配，这也是非常重要的。了解企业，分析自己，这是一个自我匹配的过程。因此，在试用期期间，不要一味过分安逸于自己的工作，而是要善于观察，善于分析。若不适合，宁可多些事，最终找到一个适合自己的领域，长久发展的下去。

　　试用期陷阱无处不在。如有的用人单位滥用试用期、试用期过长、试用期工资恶意偏低等，求职者一定要勇敢拿起法律武器，维护自己的合法权益。毕

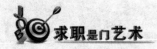

业生相对于用人单位来说处于弱势地位，不敢对用人单位提出具体意见。一旦发生劳动纠纷，学生往往都成为受害者，而单位的损失则很小。面对试用期陷阱，毕业生可以向学校反映，并由学校与人事等主管部门联系，通过法律手段维护自己的合法权益。也可以直接向用人方、人事或劳动部门提出交涉，要求依法予以纠正。此外，学生在就业之前，应尽量多了解一些法律知识，多了解一些用人单位的情况，以防误入试用期陷阱。

总之，试用期是职场必经之路，认真对待每一道沟沟坎坎，因为它有着我们的美好未来。